吳維義 編著

回到塵封的古蜀國

三星堆解密

千載蜀魂，精氣長存；三星永耀，光焰萬丈。

三星堆遺址是20世紀最重大的考古發現之一，有以神祕詭譎的青銅雕像為代表的青銅器群，有以流光溢彩的金杖為代表的金器群，還有以滿飾圖案的玉璋為代表的玉石器群，從各個側面向人們展現出一個光怪陸離、無限精彩的古蜀社會。

目錄

前言

第一章　聞名於世的古蜀文明發祥地
　　　　── 三星堆遺址概況　　　　9

第二章　穿越古蜀時空隧道
　　　　── 古蜀史傳說與三星堆考古　　19

　第一節　說「蜀」　　　　　　　　　22
　　一、巴蜀　　　　　　　　　　　　22
　　二、蜀人　　　　　　　　　　　　24
　　三、蜀國　　　　　　　　　　　　29
　　四、成都平原　　　　　　　　　　33
　第二節　霧中王國 ── 蜀王的故事　34
　第三節　地下史書 ── 古蜀2000年滄桑史　46
　　一、文明初曙 ── 三星堆遺址一期文化　48
　　二、鼎盛時期 ── 三星堆遺址二期至三期文化　57
　　三、文脈潛行 ── 三星堆遺址四期文化　73

第三章　物華天府
　　　　── 三星堆的農業、商貿、製陶、製玉和冶煉　79

　第一節　風調雨順 ── 農業　　　　80
　第二節　絲路悠悠 ── 商貿　　　　87
　　一、海貝　　　　　　　　　　　　89
　　二、象牙　　　　　　　　　　　　93

三、虎牙		97
四、服飾		98
五、漆器		102
第三節　陶然昇華 —— 三星堆陶器		103
一、祭祀與生活用品		108
二、人物與動植物造型		114
第四節　鏤石攻玉 —— 三星堆玉石器加工		120
一、石器		120
二、玉器		123
第五節　烈火熔金 —— 三星堆冶煉		134
一、青銅器		134
二、金器		148

第四章　雄渾壯闊的生命讚歌
—— 古蜀人的信仰與藝術　　155

第一節　天地之靈 —— 玉石器大觀	156
一、飾品	156
二、工具與兵器	160
三、禮器	166
第二節　金色輝煌 —— 金杖、戴金面人頭像、金面罩	183
一、王者之器 —— 金杖	184
二、金面使者 —— 戴金面罩青銅人頭像	189
三、金光熠熠 —— 金面罩	191
第三節　通天神樹 —— 古蜀人智慧與精神的象徵	193
一、天地之中 —— 青銅神樹	193
二、搖錢樹	204

第五章　三星堆博物館參觀攻略　　213

一、景區特色　　215
二、景區位置　　216
三、景區類型　　216
四、景區特色　　216
五、景區介紹　　217
六、開放時間　　226
七、交通指南　　226
八、諮詢　　226

前 言

　　三星堆文物，是具有世界影響的文物，在蔚為壯觀的中國文物群體中，屬最具歷史、科學、文化、藝術價值，且最富觀賞性的文物群體之一。

　　1986年7月至9月，三星堆遺址兩個大型祭祀坑的相繼發現，是20世紀最重大的考古發現之一。在這些曠世神品中，有以神秘詭譎的青銅雕像為代表的青銅器群，有以流光溢彩的金杖為代表的金器群，還有以滿飾圖案的玉璋為代表的玉石器群……三星堆從各個側面向人們展現出一個光怪陸離、無限精彩的古蜀社會。古蜀精神的載體撼人心魄，古蜀文明的光華耀古爍今。

　　三星堆遺址的發現及三星堆文物的出土，使自古以來真偽莫辨的古蜀史傳說成為信史。古蜀史的源頭及古蜀國的中心，亦因三星堆而得到確認。

　　三星堆古蜀國是中國古代中原周邊地區頗具典型意義的「古國」之一，三星堆文物的出土填補了中華文化演進序列中的缺環。三星堆文明作為長江上游地區古代文明的傑出代表，再次雄辯地證明了中華文明起源的多元性。

　　三星堆文物是罕見的、作為集群展現的人類上古史奇珍。三星堆實例是探索人類早期政治組織及社會形態演化的典範之一，對研究世界早期國家的進程及宗教意識的發展具有重要價值。三星堆在人類文明發展史上佔有一席重要地位。

　　「沉睡數千年，一醒驚天下。」三星堆菁華薈萃的文物寶庫，神秘夢幻的藝術殿堂，充溢著中華古代文明的無窮魅力，閃爍著人類文化遺產的璀璨光彩。

　　千載蜀魂，精氣長存。三星永耀，光焰萬丈！

第一章　聞名於世的古蜀文明發祥地
—— 三星堆遺址概況

三星堆——一個很早以前就被人們所熟知的名字，但在傳奇之名的背後，卻有很多不為人知的傳奇。

幾千年前，三星堆上空的那輪明月在靜靜流淌的馬牧河中倒映出人神互通的驚歎；幾千年後，月亮還是那個月亮，但馬牧河的急湍波流早把那個「驚歎」變成一個大大的問號，幾千年前的古蜀國像雲隱中的月亮，怎麼都看不透，留下的只是「謎」。佇立河邊，仰望朗照古今之月，相信你也會禁不住來個千年一歎：「逝者如斯夫，不舍晝夜！」

也許你早就決定走進三星堆，一窺那些被塵封已久的壯麗畫卷，也許你現在沒有時間，或許你還不太瞭解三星堆……

堅硬的土地曾將一段傳奇深深埋藏，但積塵終究掩不住燦爛的古蜀文明……

位於四川盆地西部的成都平原，氣候宜人，物產豐富，素有「天府之國」的美稱。優越的自然條件和相對封閉的地理環境，為四川古代文化的創造與傳承提供了有利的條件。考古成果表明，早在四五千年前，先民們就在此創造了輝煌燦爛的古代文化，形成了自成體系、獨具特色的文明軌跡，成為多元一體的中華文明的重要組成部分。

第一章　聞名於世的古蜀文明發祥地——三星堆遺址概況

三星堆文化是古蜀文化的典型代表，年代上啟新石器時代晚期（西元前2800年），下至春秋早中期（西元前600年），上下延續2000多年，其分佈範圍以三星堆遺址為核心，輻射至四川的大部分地區及鄂西、陝南一帶。

三星堆遺址祭祀坑現狀照

三星堆遺址，位於成都平原北部的廣漢市城西鴨子河南岸（地屬南興鎮），南距省會成都40公里，東距廣漢市區7公里，是中國西南地區一處分佈範圍最大、延續時間最長、文化內涵最為豐富的古城、古國、古蜀文化遺址，是中國青銅文明鼎盛時期的傑出代表之一。三星堆遺址是中國「七五」期間十大考古新發現和世界上最引人注目的考古發現之一，是中國國務院公佈的第三批全國重點文物保護單位。

中國重點文物保護單位——三星堆遺址

三星堆遺址今貌

　　三星堆遺址是一處由眾多古文化遺存分佈點所組成的龐大遺址群，其平面呈南寬北窄的不規則梯形，總面積12平方公里。遺址內古城區面積約4平方公里，是古蜀國王都所在地，是三星堆遺址群最重要的遺址和組成部分。古城區平面大致呈方形，邊長約1,800～2,000公尺，由東、西、南三面夯土城牆牆體及城壕組成，北部以雁江為屏障，構成防禦、防洪和交通體系，古城中軸線上分佈的三星堆、月亮灣、真武宮、西泉坎四處臺地，是文化堆積最豐富、最集中的地方。古城東城牆現存部分總長約1,090公尺，推測其原來長度應在1,700～1,800公尺左右，牆體建築使用分層、分段平夯，堆築斜夯，磚坯砌築等多種方法，夯面明顯、光滑，拍打痕跡清晰可見，城牆上部和頂部首次發現加工規整的土坯磚。南城牆地面現存部分總長約1,150公尺，推測原長度為2,000公尺，牆體橫斷面呈梯形，由主城牆和兩側護坡組成，牆體建築採取無基槽式平地起夯，主城牆和兩側護坡分別採用分層平夯和斜向堆土拍夯而成，結構清楚，夯層明顯。西城牆地面現存部分總長約600公尺，其結構、體量、夯築方法和年代與南城牆及東城牆相近。古城區內分佈有作坊區、祭祀區、居住區、墓葬區、三星堆、月亮灣城牆等重要遺跡，其規模在中國已發現的同期古城遺址中名列前茅，其都城規劃不同於夏代及商代早期的條塊狀佈局，體現了人與自然的和諧統一。這種富有科學性的規劃原則和建築藝術對中國西南平原地帶的都城建設有著重要影響。

第一章 聞名於世的古蜀文明發祥地—三星堆遺址概況

三星堆玉磨石

三星堆遺址範圍內現存有城牆、城壕、祭祀坑、玉石器坑、居住址、公共墓地等眾多遺跡，出土了金、銅、玉、石、陶等大量文物，做工考究，特徵鮮明，造型精美，具有鮮明的地方文化特徵，構成了三星堆遺址獨特的文化內涵。三星堆遺址文化是蜀文化的典型代表，按照考古學文化序列可分四期，延續時間從距今 4800 年至 2600 年，約當中原龍山文化時代至春秋中期，一期屬新石器時代晚期文化，二期以後進入文明時代。

相較世界上其他文明古國，三星堆遺址的青銅文化有著鮮明的中國特色，以青銅神樹、青銅面具、青銅立人為代表的青銅雕像與古埃及、古希臘、古印度文明的青銅器相較，具有獨特的個性，形體碩大，體量驚人，為世界上罕見，時代上也更早，顯示出其獨特的魅力和巨大的歷史、科學、藝術價值。三星堆遺址青銅器以各類人頭像、面具為大宗，具有濃厚的神巫文化和文明社會初期的宗教特徵，體現出獨特的東方色彩。三星堆遺址地下遺存的豐富程度及完整程度為同期的人類古代都城遺址所罕見。

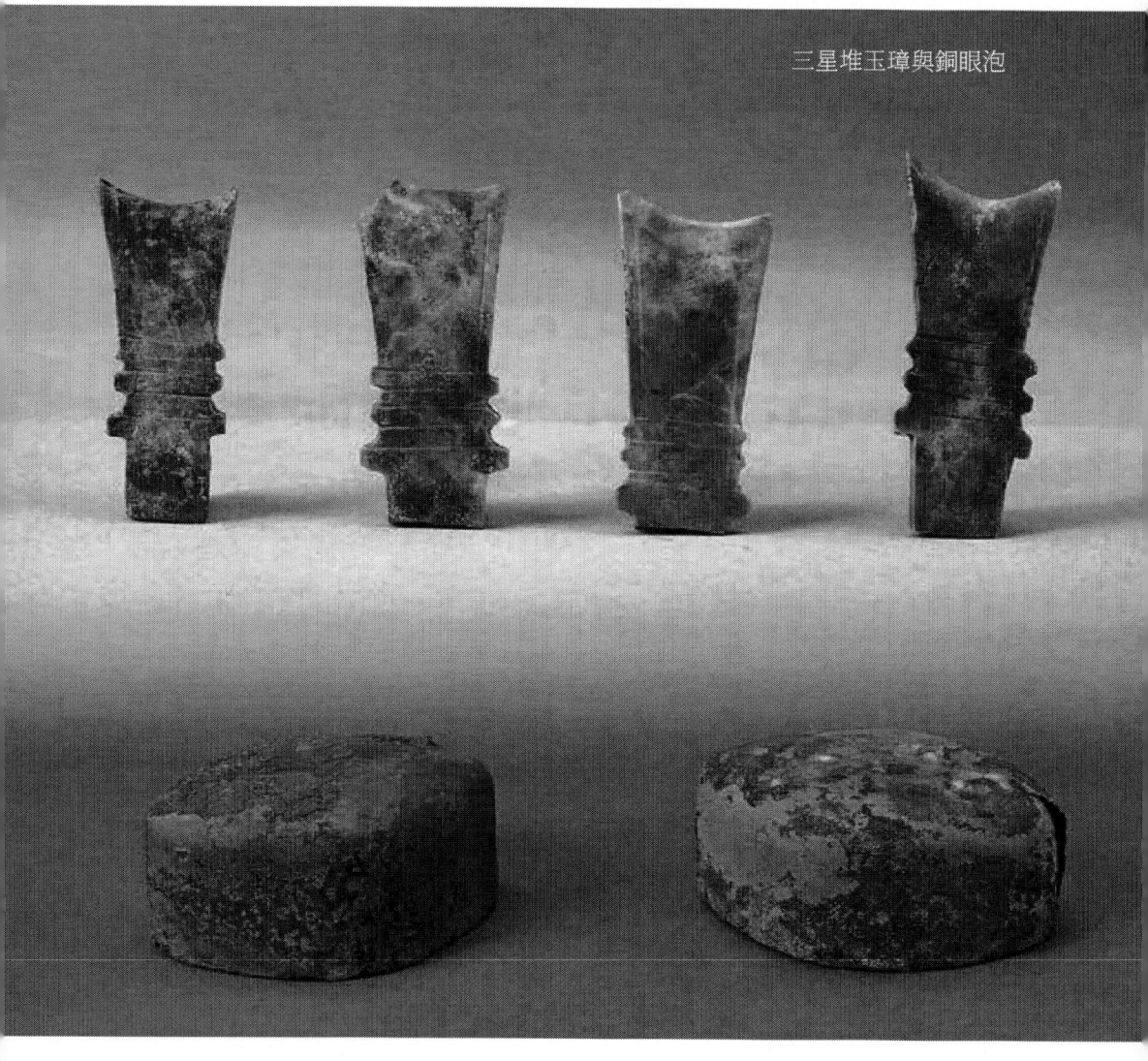

三星堆玉璋與銅眼泡

第一章 聞名於世的古蜀文明發祥地 —三星堆遺址概況 | 15

三星堆在中國地圖上的位置

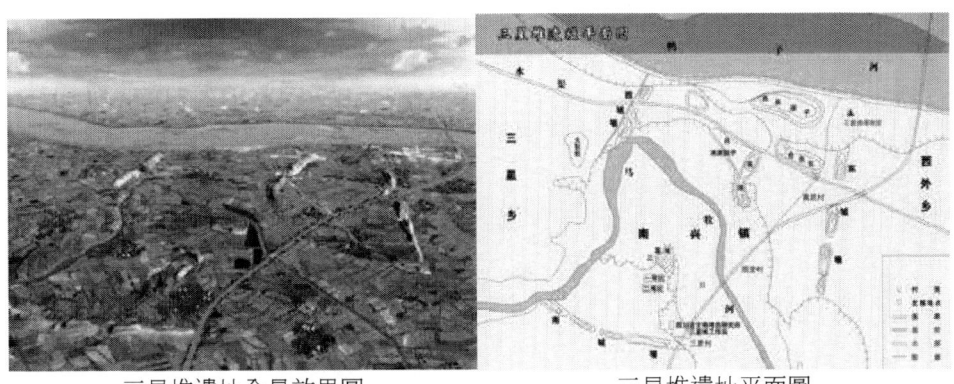

三星堆遺址全景效果圖　　　　　三星堆遺址平面圖

三星堆遺址是中國西南地區一處具有區域中心地位的最大的都城遺址。三星堆遺址的發現及三星堆文物的出土，確鑿無疑地證明了三星堆古蜀國的存在，將古蜀歷史向前推進了 2000 年之久。自古以來真偽莫辨的古蜀史傳說，因三星堆而成為信史。古蜀史的源頭及古蜀國的中心，亦因三星堆而得到確認。

　　三星堆古蜀國作為「高於氏族部落的、穩定的、獨立的政治實體」，是中國古代中原周邊區頗具典型意義的「古國」之一，具有重大的全方位的認識意義。三星堆文物填補了中華文化演進序列中一些重要文物的缺環。三星堆文明作為長江上游地區中華古代文明傑出的代表，再次雄辯地證明了中華文明起源的多元性。

　　三星堆文物是罕見的、作為集群展現的人類上古史奇珍，屬世界文化遺產範疇。三星堆實例是探索人類早期政治組織及社會形態演化的典範之一，對研究早期國家的進程及宗教意識的發展具有重要價值，在人類文明發展史上亦佔有一席重要地位。

第一章 聞名於世的古蜀文明發祥地——三星堆遺址概況

延伸閱讀

歷史文化名城 —— 廣漢

廣漢，舊稱漢州，古名雒城，地處成都平原北部中心，龍泉山脈西麓，為沱江衝擊平原地帶。因其歷史悠久，人文彪炳，土地肥沃，民物殷繁，故而2000多年來盛名不衰，向為蜀中要郡名區。《漢州志》以「連嶺矗矗以蔚霞，沱江翩翩而翔雁，其東則湧泉萬斛，其西則伴月三星，南鄰省會，民物殷繁，北拱神京，輪裳絡繹」之語贊述當地的形勝繁華，揆往察今，名副其實。自古以來，四川就享有「天府之國」的美譽，成都平原堪稱天府的明珠，而廣漢則更增益了天府明珠之朗潤。

「雒城」漢磚照及拓片

位於廣漢城西雁江南岸（古雒水，今俗稱鴨子河）南興鎮的三星堆遺址，是中國西南一處分佈範圍最廣、延續時間最長、文化內涵最為豐富的古城、古國和古蜀文化遺址。1986年，廣漢三星堆遺址兩個大型商代祭祀坑的橫空出世，使沉睡數千年的古蜀文明一醒驚世。上千件文物再現了一段暉麗灼爍的古蜀「視覺歷史」，海內外視為舉世稀珍。蜀山雒水，鐘靈毓秀，巍巍岷山孕育了古蜀先民的創造智慧，綿遠流長的雁江則給這片熱土不斷地注入生命的活力。

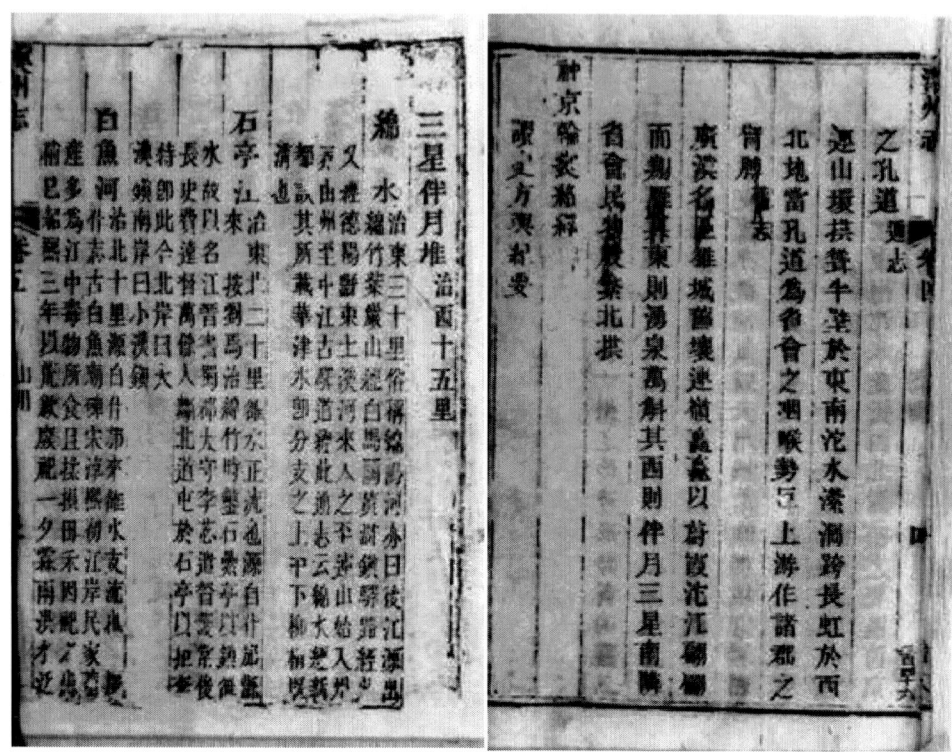

《漢州志》書影

廣漢老照片與今日廣漢照

第二章　穿越古蜀時空隧道 —— 古蜀史傳說與三星堆考古

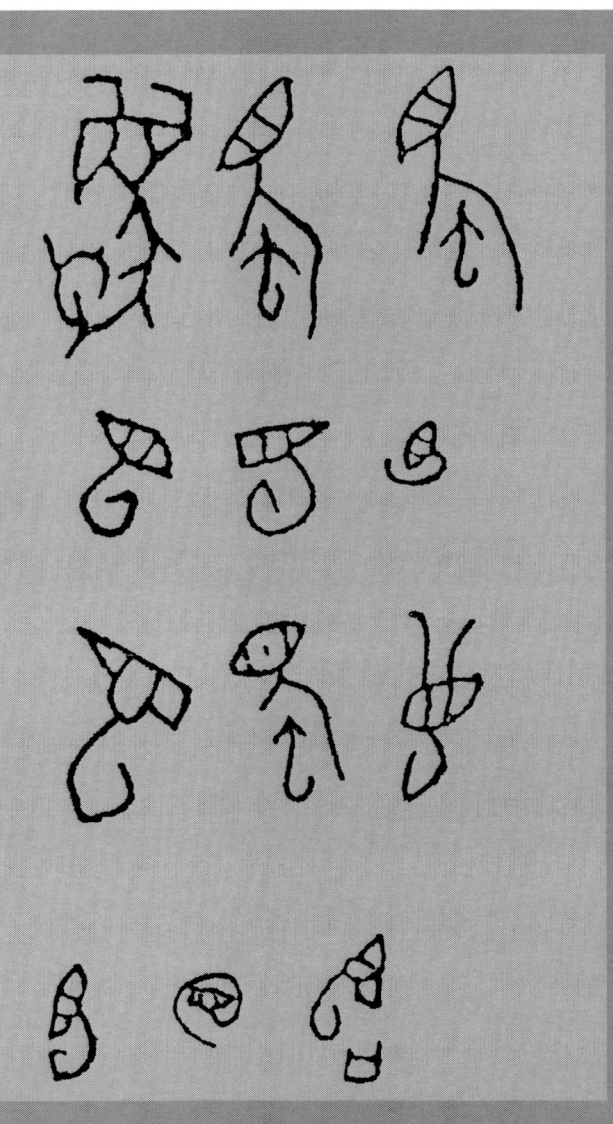

從《史記》到《華陽國志》，都將蜀的祖先推定為黃帝、高陽氏的後代支庶。神話傳說與歷史交融，虛幻與真實相攜閃爍，使蜀蹤顯得愈發迷離。《山海經》雖然圖形史貌，溯源甚古，但因其無誕不容，更讓人真偽莫辨。蜀史何在？蜀史在西南層巒疊嶂的懷抱中沉沉睡去，與靜靜流淌的雁江一道緘默千年。

　　然而三星灼灼，積塵難掩其光。1986年夏，考古人員在廣漢三星堆發掘了兩個大型祭祀坑，上千件蜀國重器的橫空出世，終於使得被幾代學人嚮往已久的古蜀國大門就此打開。「一朝甦醒驚天下」，自古以來撲朔迷離的古蜀史傳說因三星堆而成為信史，古蜀史的源頭及古蜀國的中心也因此而得到確認。

《史記》書影

第二章　穿越古蜀時空隧道—古蜀史傳說與三星堆考古

古代王都氣象與浪漫氣息渾融的三星堆，似乎天生就是一個謎，神秘和詩意使這裡發生的一切沉積為一個傳奇，因而三星堆之旅完全可以作為某次旅行的精神驛站：置身「眾神之國」，漫看「風鳥翔雲」恍兮惚兮，未明孰真孰幻；遊觀「通天神樹」，深味奇詭浪漫。「天降斯神」神完氣足，「群巫之長」傲視諸方；「國之重寶」玄機難測，「雄傑靈怪」意旨深藏；「山陵之祭」其情穆穆，「日照中天」其光朗朗⋯⋯此是人神狂歡和神話時空觀物化藝術的盛宴。

站在博物館大廳內，想著身後這片神奇的土地，你會深深理解千年前在此營造夢境的人⋯⋯

今天，當我們面對眾多奇美的蜀人秘寶，再來回眸神話傳說中的古蜀史，也許會有更多的收穫和想像。

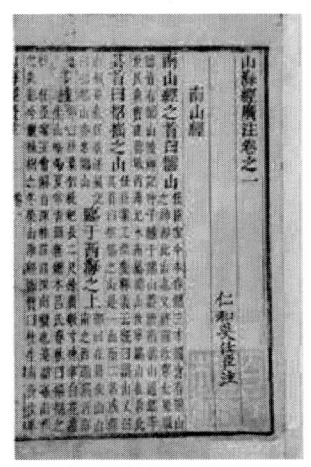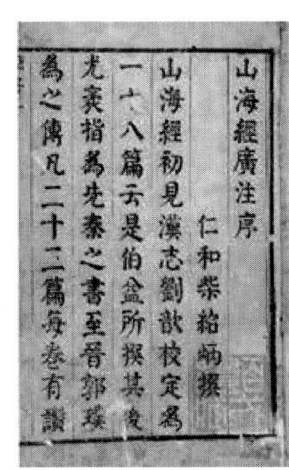

《山海經》書影

第一節　說「蜀」

一、巴蜀

詩仙李白的《蜀道難》一詩膾炙人口，「噫籲嚱，危乎高哉！蜀道之難，難於上青天。蠶叢及魚鳧，開國何茫然！爾來四萬八千歲，不與秦塞通人煙……」概括了過去人們對於古代四川的看法。詩人的豐富想像力，加上使用誇張的手法，對古蜀歷史進行了生動的描繪，艱險崎嶇的蜀道為迷茫遠古的四川增添了許多更加神秘的色彩。要想對三星堆文化有完全的瞭解，就有必要追索這種文化背後的歷史、地理背景及其相關因素。

四川，古稱蜀。「巴蜀」作為一個地域概念，形成於戰國秦漢《史記·蘇秦傳》：「西有漢中，南有巴蜀。」、「巴」與「蜀」，起源各殊、族別非一。先秦時期，以蜀族為主體的蜀地先民與以巴族為主體的巴地先民，分別以今成都平原和重慶一帶為中心，先後建立「巴」、「蜀」兩大古國，經不斷發展、融匯而共同形成長江上游的「巴蜀文化區」。在殷周之際，四川盆地這一地理

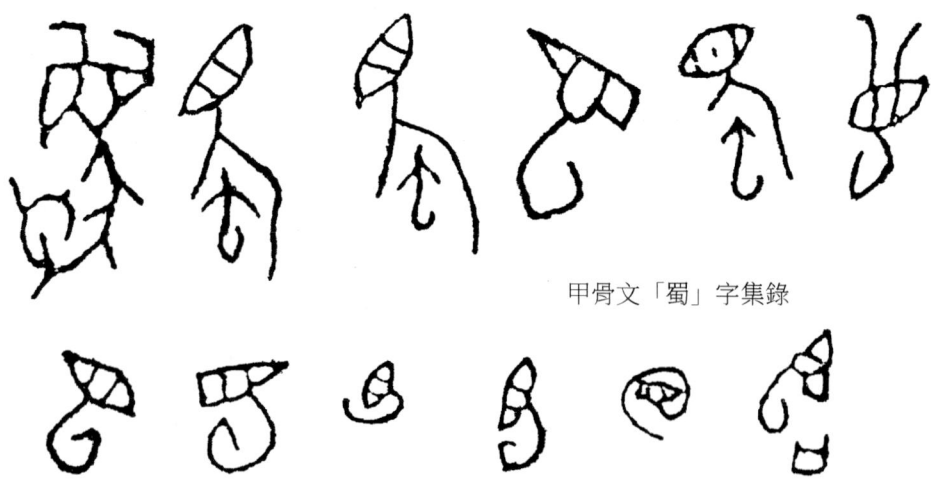

甲骨文「蜀」字集錄

三星堆二號祭祀坑出土的戴冠縱目人像

單元則只稱「蜀」。延至秦代，古蜀國在秦王朝建立統一帝國的過程中，成為中華一統天下的組成部分。兩漢承秦帝業，改稱「蜀郡」，蜀國遂成為直轄中央的地方行政區。

　　蜀的得名既然非始於秦設蜀郡，那麼又是緣何而得名的呢？傳說，「蜀」字得名很可能與蠶及野蠶有關。蠶能吐絲，蠶絲是紡織綢緞的重要原料。在甲骨文象形字體系中，「蜀」的字形儼如一隻身體捲曲的吐絲的蠶的形象。東漢許慎在《說文解字》中解釋「蜀」字說：「蜀，葵中蟲也。從蟲，兩目象蜀頭，中象其身蜎蜎。」《詩經》中有「蜎蜎者蠋，烝在桑野」的說法。蠋為野蠶，這種野蠶經過蜀中古代最早的部族蠶叢氏（居住在四川西部）的馴養而為家蠶，這是古代蜀人的一大發明。直到今天，川西民間都還有如「二月蠶市」等很多這方面的故事或記載。看來，推考「蜀」字得名與蠶及野蠶有關，也不無道理。但從另一個角度分析，甲骨文中的「蜀」字造型也與龍、蛇極相關聯。其字形，上為人首，又有縱凸的眼睛，下面還有捲曲的蛇（龍）身。這與古代神話傳說中蜀人的始祖燭龍「人首蛇身」、「直目正乘」的形象特徵相吻合。三星堆二號祭祀坑出土的「戴冠縱目人像」的造像就很可能與此有關。那麼，從這個角度理解，「蜀」字便是「縱目的人首蛇（龍）身像」。

二、蜀人

　　《華陽國志·蜀志》載：「蜀之為國，肇於人皇，與巴同囿。至黃帝，為其子昌意娶蜀山氏之女，生子高陽，是為帝嚳。封其支庶於蜀，世為侯伯。歷夏、商、周。」《史記》雖不至於將「蜀」的源頭高推到人皇，卻也詳列世系，說蜀人的遠祖出自黃帝。古史邈遠，真源難以索考，但無論怎樣，透過古代載籍的相關記載，可以知曉蜀人是有著悠遠歷史和世代傳承的民族。

　　古史記載，幾代蜀王為蠶叢、柏灌（也作濩）、魚鳧、杜宇、開明。傳說「蠶叢、柏灌、魚鳧此三代各數百歲」；「望帝」（「七國稱王，杜宇稱帝」，號

第二章 穿越古蜀時空隧道—古蜀史傳說與三星堆考古

《華陽國志》書影

曰望帝）積百餘歲；開明氏取代杜宇氏以後，其統治時代最長，傳位至十二世。幾代蜀王是指並存或相互取代的幾個王朝。大體而言，古史傳說記載中的蠶叢、柏灌、魚鳧三代王朝，推測其時代是從夏朝至商末周初；杜宇王朝估計是從商末周初至春秋中葉；開明王朝則從春秋中葉至秦滅巴蜀。目前，學術界多認為幾代蜀王及古蜀國主體民族蜀族的來源，大抵屬氐羌系，其中又與氐系民族關係頗大。

「蜀」，在商代是商王畿之外的一個「高於氏族部落的、穩定的、獨立的政治實體」，即相對獨立和強盛的早期「古國」。關於蜀國的疆域，據《華陽國志·蜀志》記載，到杜宇時期，蜀國的疆域是北以褒斜為前門，西北擁有汶山，西以熊耳、靈關為後戶（熊耳山在今青神縣，靈關在今蘆山縣），南達南中（今雲南、貴州西北部），其中心在今川西一帶。以蜀族為主體的古民族在這一廣大境域裡繁衍生息，創造了燦爛奪目的古蜀文化。

在商代，蜀和中原王朝已有較為密切的政治、經濟和文化交流。殷商甲骨文中有「蜀射三百」之載，意思是蜀國向商王朝提供了三百名射手，這可看出當時蜀國的實力。

殷商甲骨卜辭

據《華陽國志·蜀志》「武王伐紂，蜀與焉」，以及其他載籍的相似記載和相關地下實物資料的證明，迄於商末周初，蜀人踴躍地參加了推翻商王朝的「武王伐紂」之戰，在所謂「西土八國」中名列第二，衝鋒在前，終使殷人倒戈，因此說「周武王伐紂，實得巴蜀之師」。又據《逸周書》記載，在周初的一次會盟上，蜀王

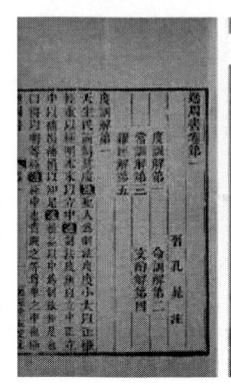
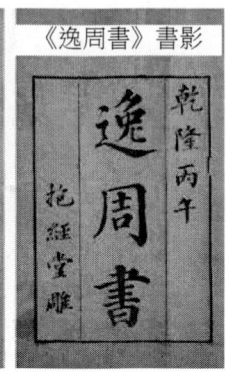

《逸周書》書影

還將本族具有象徵意義的吉祥物「文翰」（即所謂「有文彩」、「似鳧」的禽鳥）作為禮物獻給周王。可見蜀與中原一直有著交往，彼此關係時好時惡，但總的來說，交好的時期占主導地位。

後來，由於中原王朝的不斷強大，古蜀國則從早期「古國」逐步演變為地域性的方國、屬國。到了西元前316年（一說為前329年），在秦與巴蜀的戰爭中，開明十二世被秦軍所滅，蜀王朝宣告滅亡。自此以後，蜀文化逐漸融合於漢文化中。古蜀歷史也如煙塵逝散，杳不可知。

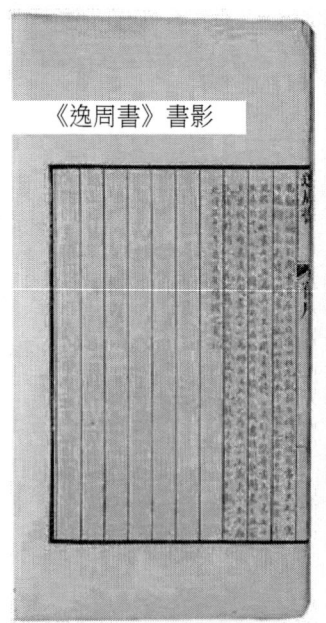

《逸周書》書影

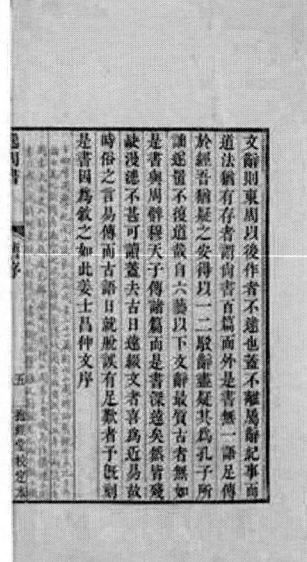
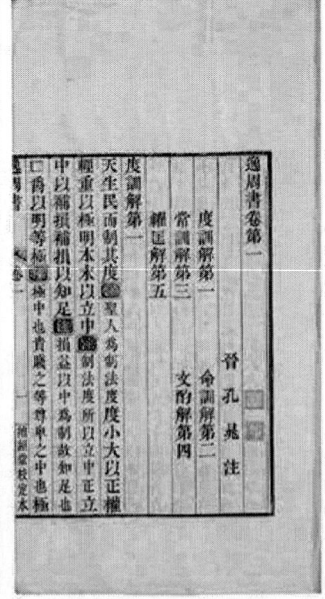

三、蜀國

古代以中原商周王朝為正統，視其周邊地區為蠻夷之地，對周邊的楚、蜀、巴等方國的記載非常簡略。甲骨文雖有「正（征）蜀」、「至蜀」、「伐蜀」等記載，但學術界對其位置、名稱、時代等的看法各異。比如就甲骨文中「蜀」的位置而言，有的觀點認為在山西，有的又說是在山東，還有的說是在河南，實在是聚說紛紜，莫衷一是。蜀國的歷史，在正史中幾乎不見蹤跡，僅在後人撰寫的方志和筆記中略有追記，但多為神話故事和歷史傳說的交糅雜糅，這使得後人在研究蜀史時莫辨真偽，很難依據這些隻言片語的記載追根溯源。因此，過去討論蜀史大多僅能言及春秋戰國，再上溯西周就非常模糊了。在這樣的情況下，要認識早期蜀國的歷史，理出其頭緒，就非常需要考古發掘的新材料和考古研究的新成果。

到了20世紀初，1929年三星堆遺址月亮灣燕家老宅旁出土了一坑玉器（計有三四百件），在成都舊貨市場上出現了多出於成都白馬寺一帶的青銅兵器，這才使歷史研究者開始將這些文物和蜀史的研究聯繫起來。1950年代以來，成都平原上發現大批戰國時期的蜀人土坑墓和船棺葬，出土了大量精

月亮灣燕家宅旁出土的玉器照

美的青銅兵器、容器、樂器和工具等，古蜀國晚期文明的基本輪廓至此漸漸「浮出海面」。

1980年以來，考古工作者開始在三星堆遺址進行系統發掘。在過去的調查發掘中，因工作地點的不同，三星堆遺址曾被分別稱為「真武宮遺址」、「橫樑子遺址」、「月亮灣遺址」、「中心場遺址」等。因同屬一個遺址群落，故後統一命名為三星堆遺址。1986年，在遺址城南發現兩個大型商代祭祀坑，為研究古蜀史提供了極為難得的實物資料，使人們對早蜀文化面貌的認識煥然一新。現在，已有愈來愈多的學者傾向於認為甲骨文中的「蜀」就是指蜀國及蜀地。三星堆遺址作為古蜀國的政治、經濟和文化中心，見證了古蜀國由盛及衰的歷史。「征蜀」、「蜀射三百」、「周武王伐紂，實得巴蜀之師」等歷史事件均與此有關，進一步證實了甲骨文和典籍的記載，為重建中國上古史提供了力證。

1986年三星堆遺址發掘照

1997年冬，在三星堆古城西城牆外數百公尺的仁勝村又發掘了20多座土坑（墓），其時代屬新石器時代晚期至夏代，坑內出土有人骨架、獸骨、象牙，以及玉璧、玉斧、玉錛、玉鑿、玉珠，還有半凸面璧形玉器、外緣有牙的璧形玉器、玉錐形器等少量隨葬品。其中，玉錐形器的形制與距今5200年至4000年的良渚文化墓葬中所出的玉器極為相似，這就把三星堆文明又往前推進了一段。

第二章 穿越古蜀時空隧道——古蜀史傳說與三星堆考古

仁勝村發掘照

近年來，四川省文物考古研究院三星堆遺址工作站的專家對三星堆遺址歷次發掘出土的陶片進行了仔細整理、拼對和修復。通過整理研究，目前已找到了三星堆遺址新石器時代文化向青銅時代過渡的相關材料，並發現了西周中晚期至春秋早中期的文化遺存。三星堆新石器時代文化的陶器也較以往大大增加，現已將三星堆遺址上自新石器時代晚期、下到春秋中期的文化遺存完整串聯，樹立了四川盆地考古學的年代尺規，三星堆遺址當之無愧成為延續時間最長、等級最高的蜀文化中心遺址。

自 1929 年發現三星堆玉石器始，迄今已近 90 年。在這近 90 年中，四川省內的文博考古單位和大專院校先後對三星堆遺址進行調查和發掘，並開展了多種學科參與的綜合研究，現已初步揭示出：在夏商時代，中國西南地區的成都平原上有一個高度發達的青銅文明中心，這個文明中心有其自身文化特點，又與中原夏商文明以及中原夏商文明以外的其他地區的

延伸閱讀

陶器與考古研究

陶器在考古文化分期和文化間的比較研究等方面具有十分重要的意義。陶器具有分佈廣、演化快、文化間差別明顯等特徵，能在一定程度上反映文化發展變化的軌跡和不同文化的特色，陶器研究有助提供資料去考察古文化的情況，對考究歷史文化的年代也有幫助。

方國文明存在密切聯繫。其主要的文化內涵表現在以下方面：
（1）具有政治中心性質，其規模超過周圍相鄰的城址；
（2）有高度發達的青銅冶鑄技術和黃金冶煉加工技術，有規模可觀的玉石器加工作坊和高超的玉石器加工技術；
（3）有分佈範圍達 3 至 4 平方公里的夯土城牆遺址；
（4）自然水系的合理利用與治理；
（5）有較為完善的宗教禮儀祭祀制度。這些重要內容構成了三星堆遺址的主要文化內涵。

延伸閱讀

古蜀文化

在今四川及其相鄰地區的廣袤區域內，分佈著許多古代遺址和遺跡，出土了眾多文化面貌基本相同、獨具特色且自成體系的文化遺物，構成了「蜀文化」這一區域性文化共同體。

距今約 4800～4000 年，三星堆遺址一期文化與成都平原史前城址群勾勒出古蜀文明初曙的圖景。此期已出現大小城邦組織，其中唯三星堆發展成為最早的古蜀國中心都邑。距今約 4000 年至 3200 年，典型的三星堆文化形成並漸臻於鼎盛。宏大的城址、發達的青銅冶鑄技術、神秘詭譎的器物群等共同構成古蜀文明的最高成就。距今約 3200～2600 年的十二橋文化時期，成都金沙遺址取代三星堆成為又一政治經濟文化中心。金沙奇絕的器物群、宏大的祭祀遺跡及十二橋大型木構建築群等表明當時社會結構、文化技術達至新的高度。距今約 2500 年，以成都商業街船棺、獨木棺墓葬為代表的戰國青銅文化成就了古蜀文明的再度輝煌。

西元前 316 年，古蜀國被秦國所滅，輝煌燦爛的古蜀文明最終融入華夏文明的體系之中。

第二章 穿越古蜀時空隧道─古蜀史傳說與三星堆考古

三星堆遺址的考古發現,以大量的實物例證,證明這裡是一處年代上起新石器時代晚期,下迄春秋早中期,上下延續2000多年的古蜀文化遺址,同時又是夏商時期的蜀國都城遺址。可以說,三星堆遺址的考古發掘和研究成果,已初步廓清了真偽難辨的方志和筆記的舊說,證明上古蜀地是一個相對獨立的文化區域,結束了古蜀歷史留於神話傳說和零星記載的漫長時期。

四、成都平原

四川盆地素享「天府之國」的美稱,《山海經‧海內經》曾對這方「天都」樂土有生動的記錄:「西南黑水之間,有都廣之野,后稷葬焉。爰有膏菽、膏稻、膏黍、膏稷,百穀自生,冬夏播琴。鸞鳥自歌,鳳鳥自舞,靈壽實華,草木所聚。爰有百獸,相群爰處。此草也,冬夏不死。」其大意是:在當時西南黑水之間,有一個叫「都廣之野」(即今四川雙流)的地方,有菽、稻、黍、

《山海經》書影

稷，百穀自然生長，冬夏都可以播種。這裡草木四季常青，果實甘美，先秦的農官后稷就埋葬在此地。這裡有色彩斑斕的鳳鳥翩翩起舞，鸞鳥鳴聲婉轉悅耳，百獸共處，一派祥和，有如仙境。可見，成都平原的美麗富饒自古如此。成都平原位於盆地西部，東西寬約 60～70 公里，南北長 170 公里，總面積達 9,500 平方公里，地勢西北高而東南低，是西南地區面積最大的平原。由於海拔高，溫差大，其亞熱帶季風氣候溫暖濕潤，所以動植物種類繁多，礦產豐富，這些得天獨厚的自然因素，為古代不同生產力水準的發展和不同民族的勞動生息提供了優越的條件。

成都平原正好處在周圍各種古文化互相交匯的地帶，岷山千里縱貫南北，山間的河谷為民族的南北遷徙創造了通道。自古以來，成都平原就是文化交流和各族彙集的所在地，發展成這一區域古文化的中心，形成了雄踞西南的充滿開放精神的古蜀文化，造就了一個偉大的古代文明的發源之地。

第二節　霧中王國 —— 蜀王的故事

「自從盤古開天地，三皇五帝到如今。」盤古鑿開混沌，天地正位之後，在中國的大地上出現了三位分管天地人事的天皇、地皇和人皇。其中的人皇氏九兄弟分別執掌天下九州，今四川區域便屬當時的梁州。

古史傳說記載，蜀人的遠祖出自黃帝。黃帝就是人皇的後裔。神話中說，他能「撒豆成兵」，號令熊、羆、虎、豹、鷹、鷂等與炎帝大戰於阪泉之野。黃帝還是種種器物的創制發明者，如說他造車、造釜甑、「始蒸穀為飯」等。總之，在古史神話傳說中所塑造的黃帝是一個智勇雙全、功勞沾溉後世的偉大形象。傳說，黃帝在大勝炎帝，殺死為炎帝復仇的蚩尤後，在今四川舊茂州的疊溪娶了蠶陵氏之女螺祖為正妃。

螺祖聰慧穎悟，在 15 歲時發明了養蠶織錦的方法並普化天下，教婦女

第二章 穿越古蜀時空隧道——古蜀史傳說與三星堆考古

螺祖像（趙秋鴻 繪）

們養蠶、繅絲和織制。為了紀念她為民造福的功德，後來的人們便尊奉她為蠶神，並用豬、羊祭祀以表達對她的敬意。黃帝和螺祖婚後生有兩個兒子，二子昌意後來與蜀山氏之女婚配，婚後生了個兒子，就是五帝中的顓頊。

在「九黎亂德」的時候，人神混居雜擾，祭祀活動沒有統一標準。於是，顓頊受天帝之命整頓這種混亂局面，「絕地天通」，切斷了地民與天神的交往，建立人文秩序，使祭祀儀典成為那些具有溝通天地這一特殊本領的巫師的專職工作。共工繼起奮爭，助炎帝攻黃帝。於是，作為黃帝裔孫的顓頊遂與之交鋒，展開了一番激戰。古來相傳，擎頂蒼穹的八根天柱之一的不周山便是在這場戰爭中斷折的。

後來，顓頊成為掌管北方陰冷肅殺之地的大神——冬日的太陽神。同時，因為他出生於若水（雅礱江一帶），所以他也是巴蜀神。他的子孫後代就封於蜀，世代傳承，至蠶叢氏興起。

第二節　霧中王國—蜀王的故事

據說，蠶叢最早居住在「岷山石室」中。岷山其大，岩石崢嶸，又有很多天然洞穴，可避冬寒夏雨，所以遠古的蜀人便多在山崖棲居。他們在岷山開始了耕種，使岷江上游地區成為蜀人最古老的居住地之一。以後，一支蜀先民部族順岷江南下，進入成都平原，與當地土著居民逐漸融合，形成蜀族最早的一部。也有學者認為，古蜀人是從茂縣翻越九頂山而至成都平原。蠶叢，就是古蜀國的第一代王，他教民「種桑養蠶」，將野蠶馴養為家蠶。由於蠶叢做了有利於國計民生的好事，所以古蜀先民崇拜他，後世的人們景仰他，奉其為蠶桑紡織業的鼻祖之一。史書說蠶叢死後，作「石棺石槨」，老百姓仿效這種作法，當地把這種石棺槨稱為「縱目人塚」。《華陽國志》記載蠶叢的形象特徵是「其目縱」。學術界普遍認為，三星堆青銅縱目面具所表現的正是蜀族始祖蠶叢。我們在前面提到過，燭龍也是縱目（直目），他與蠶叢後來都成為古蜀先民所敬仰、尊崇的神：燭龍是開闢神話中的天神，蠶叢則是立足於人位的「祖先崇拜」中的宗祖神。

三星堆大型縱目面具

「蠶陵重鎮」石刻拓片

20世紀50年代以來，在川西北岷江流域地區發掘出大量石棺葬，即應與蠶叢時代流行的葬俗有內在聯繫。四川茂汶疊溪有一個地名叫蠶陵關，相傳蠶叢部族當年就生活在這一帶。漢代曾在此置蠶陵縣，至今尚有「蠶陵重鎮」的古代石刻矗立於山間。蠶叢時代以後，成都平原地區又有所謂的支機石、天涯石、五塊石和武擔山石鏡等涉及「大石頭」的遺跡，學術界把這種人類早期很普遍、很有特色的的文化現象稱為「大石文化」。人們崇拜大石頭，是希望能像大石頭那樣充滿力量。至今還矗立在成都文化公園內的支機石，傳說是天上織女用來支墊紡織機的石頭，另一種說法則認為它是古代蜀王的墓碑。同樣，傳說是蜀王墓碑的天涯石，也在成都天涯石街的一戶人家中，直到近現代，人們還視其為神物而以香火奉祀。武擔山石鏡、五塊石等今雖無存，但都有一段與古蜀歷史傳說相關的故事。

三星堆青銅大鳥頭

上承蠶叢而稱尊於古蜀的第二代蜀王名叫柏灌，次王魚鳧。這三代蜀王在古蜀地的統治時間都長達數百年。第一代蜀王尊稱為蠶叢，既然與他教民養蠶種桑的教化之功有關，那麼，第二代、第三代蜀王的名號又有什麼涵義呢？

　　關於第二代蜀王的古史傳說記載幾乎是空白，稱為柏灌，應是一個以柏灌鳥為族名的部族吧！在成都附近的溫江，歷代相傳有柏灌王墓位於溫江壽安鄉長春村，附近有座山叫八卦山，據說「八卦」二字就是「柏灌」的訛音。

延伸閱讀

魚鳧王墓

　　魚鳧王墓，又稱大墓山，位於四川成都溫江區壽安鄉火星村。在《溫江年志》和《溫江縣誌》均載：「大墓山，城北二十五裡，相傳為魚鳧王陵。」1985年7月，經成都市人民政府批准為第二批文物保護單位。

　　該墓座南向北，單塚墓，土塚，長85公尺，寬62公尺，墓高5公尺，占地3,000多平方公尺。後來，由於開荒生產，墓周已成田地。在魚鳧王墓北約1公里處，原有俗稱「小墓山」的魚鳧王妃墓，今遺址隱約可辨。

魚鳧王墓

第二節　霧中王國──蜀王的故事

　　古史傳說記載中的第三代蜀王名叫魚鳧。魚鳧也就是魚鷹，四川民間俗稱「魚老鴰」，以善捕魚而聞名。以「魚鳧」為部族的族名，反映出該部族最早是以漁獵為主要的經濟生活手段。東漢許慎在《說文解字》中將「鷖」也釋為「鳧」。鷖是鳳凰的別名，《楚辭‧離騷》中有「駟玉虯以乘鷖兮」，即說駕馭虯龍而乘鳳車，可見，「鳧」在古人眼中又是神鳥。另外，經西部高原進入平原河谷地帶的氐人最初立國時是在成都平原以西，古籍上記載他們是「人面魚身」，傳說蜀人最早在今岷江上游，這些地區自古便正是氐人活動的地區。由此看來，魚鳧族也可能是由以魚為祖神崇拜的民族和以鳧為祖神崇拜的民族的聯合結盟。

　　第四代蜀王叫杜宇，又名望帝。杜宇即是杜鵑鳥，這也是一支以鳥為族名的部族。據說杜宇來自「朱提」（音「書實」）這個地方，即今雲南昭通一帶。杜宇最為著名的事蹟是「教民務農」。從杜宇時代開始，蜀國的農業有了很大的發展，《山海經》上記載說當時的「都廣之野」有菽、稻、黍、稷，百穀自然生長，冬夏都可以播種，其富庶可見一斑。

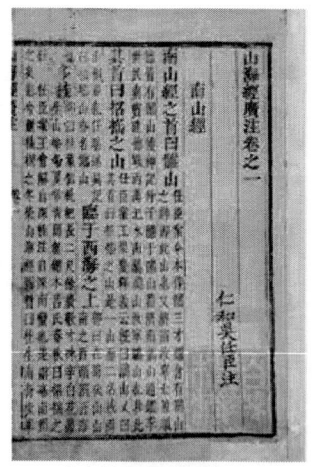

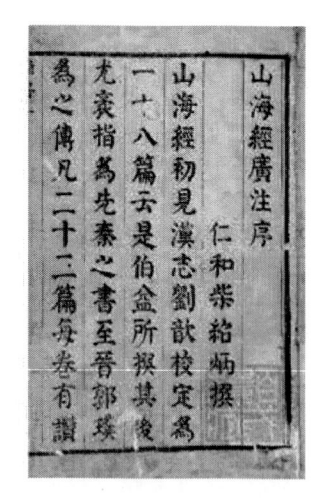

《山海經》書影

　　《蜀王本紀》記載杜宇「從天墮，止朱提」，一位「從江源井中出」的女子成為杜宇的妻子；杜宇自立為蜀王，以望帝為號。所謂「從天墮」說明杜宇

三星堆遺址出土的青銅鳥

不是本地人,「止朱提」意指其行跡留駐在今雲南昭通,古岷山在古天文上的對應為「東井」,「從江源井中出」意指其來源於岷山蜀族,「自立」即應非和平的政權更替交接。那麼,據此推測杜宇取得蜀國統治權的時間當在西元前7世紀之前。

蜀地廣泛流傳古蜀王杜宇後來失國後啼血化為杜鵑(布穀鳥)的傳說,杜甫在《杜鵑行》中是這樣描述的:「君不見昔日蜀天子,化作杜鵑似老烏。」李商隱的《錦瑟》中也有描述這個故事的著名詩句:「莊生曉夢迷蝴蝶,望帝春心托杜鵑。」這個故事因其淒慘而美麗,曾被歷代翰卿墨客反復詠唱。

民間流傳的一則關於杜宇的傳說是這樣的:當時岷江上游有惡龍,時常發洪水危害百姓。善良的龍妹不願看到人們的生命被洪災無情奪去,赴下游鑿開嘉定山以排泄洪水,卻被惡龍關進了五虎山的鐵籠之中。這時,有一個名叫杜宇的善獵青年為民求治水的方法,多方奔走,巧遇仙翁贈以竹杖,並囑咐他前往五虎山營救龍妹。杜宇持竹杖與惡龍大戰,制服惡龍之後順利地救出了龍妹。龍妹以她的聰慧協助杜宇平治了洪水,並成為杜宇的妻子。杜宇因治水功高,也被人民擁戴為王。在杜宇的大臣當中,有一個是他昔日的獵友,他常常羨慕杜宇有一位美麗的妻子,又覬覦杜宇的王位,暗地裡便想加害於杜宇。有一天,他在山中打獵時,遇見了對杜宇懷恨在心的惡龍,於是便與惡龍密謀,陷害杜宇。他們詭稱惡龍願意與杜宇夫妻言歸於好,將杜宇誘至山中囚禁起來。之後,這個賊臣篡奪了杜宇的王位,並想逼龍妹為妻,龍妹不從,也被囚禁了。杜宇被囚禁而又沒有脫身之法,終於在焦慮悲憤中死去。他的魂化為鳥,返回故地,繞妻而飛,呼喚道:「歸汶陽!歸汶陽!」(「汶陽」即汶水之陽,那裡是杜宇以前治理的地方)其妻龍妹聞其聲,也悲慟而死,魂也化為鳥,與杜宇相偕飛去……

成都金沙遺址出土的青銅杜鵑鳥形象

　　關於杜宇的神話，古史記載又有所不同，其大概是說杜宇因為發展了農業，深受民眾擁戴，後來屬國發生了大水災，洪水滔天，肆虐人民，杜宇雖然花費大量人力、物力卻仍無事於補。當時，一位來自川東荊楚地區的開明氏（又名鱉靈）即後來的叢帝，擔任著輔佐大業的宰相。於是，杜宇在多番治水不成的情況下，便將治水重任交予開明氏辦理。開明氏打通玉壘山，疏通水道，以除水害；鑿開寶瓶口，分岷江為沱水。經過多年治理，終於治理了水患，同時，他也爭取到了民心，後來便乘機取代了杜宇。杜宇失國後被迫歸隱西山，抑鬱沮悶，不久便抱恨逝去。因為懷念故國和人民，他死後便化為杜鵑鳥（也稱為「子規」）。每當春夏之際，便不停地悲切呼喚，「布穀、布穀」叫個不停，直至啼淚成血，聞聽到這悲喚聲的人都為之淒惻。後人感於杜宇的失國之痛，多有詩記之，如「望帝春心托杜鵑」、「年年啼血動人

延伸閱讀

望叢祠

望叢祠，位於四川省成都市郫縣縣城西南，是為紀念蜀王望帝杜宇和他的繼任者叢帝（鱉靈繼位稱叢帝，號開明）而修建的祀祠，也是我國西南地區唯一的一祠祭二主、憑弔蜀人先賢的最大的帝王陵塚。望帝杜宇教民務農，被後代奉為農神。叢帝開明鑿玉壘山、開寶瓶口，治理水患，是李冰之前岷江流域的最初治理者。二帝遺愛在民，為歷代後人尊祀。「端午祭屈原，岷陽朝杜主」，蜀人聞杜鵑而思望帝。每年農曆5月15（大端陽）舉行的紀念望叢二帝的望叢賽歌會，是漢民族唯一保留下來的賽歌形式，現為省級非物質文化遺產。

望叢祠照（叢帝陵）

悲」。後來，故國的人們為紀念杜宇發展農業和開明氏之水的功績，世世代代立祠紀念他們，位於成都郫縣的望叢祠奉祀的就是這兩位蜀國的老祖宗。

美麗的杜鵑鳥專食林木上的蟲類，是對森林有利的益鳥。杜宇以杜鵑鳥命名，說明了當時四川盆地農業普遍開發的事實。杜宇教民務農，加上老死於西山的悲涼遭遇，讓蜀人對他十分懷念，便有了死後魂化杜鵑的美麗神話。

望叢祠照（望帝陵）

第三節　地下史書 —— 古蜀 2000 年滄桑史

在今四川及其相鄰地區的廣袤區域內，分佈著許多古代遺址和遺跡，出土了眾多文化面貌基本相同、獨具特色且自成體系的文化遺物，從而構成了「蜀文化」這一區域性文化共同體。一般將蜀文化劃分為新石器時代晚期至西周時期的早期蜀文化（古蜀文化）和東周至秦漢時期的晚期蜀文化（巴蜀文化）。

「蜀文化」這一區域性文化在北達漢水流域，東至荊江地區，西、南迄大渡河、金沙江及今貴州北部一帶都廣泛分佈著，而蜀文化圈的中心區域即是成都平原。地處川西平原東北部的廣漢，屬龍泉山脈西麓，為沱江沖積平原地帶，這裡土地肥沃，水源充足，被稱為天府之國的腹心。優越的自然和地理條件，為人類的繁衍生息以及古代文明的產生和發展提供了得天獨厚的條件。三星堆遺址之所以能夠發展成為古代蜀國的一處中心都邑，原因正在於此。

根據放射性元素碳十四測定，三星堆文化從距今 4800 年到 2600 年，相當於中原地區的新石器時代到春秋早中期，延續了 2000 多年。在這 2000 多年的發展歷程中，最為輝煌燦爛的時期是商代晚期，距今 3000 多年。按照考古學文化序列，三星堆遺址文化可分四期，上自新石器時代晚期（距今約 4800 年），下迄春秋早中期（距今約 2600 年）。三星堆以其文化遺存的完整串聯，樹立了四川盆地考古學的年代尺規，堪稱延續時間最長、等級最高的蜀文化中心遺址，亦是古蜀先民創建的古代蜀國的一處政治文化中心。

延伸閱讀

三星堆考古學文化分期

考古學意義上的「三星堆文化」，是對三星堆遺址第二、三、四期文化遺存以及其它具有相同文化面貌的文化遺存的統稱，以區別於新石器時代的考古學文化──「三星堆一期文化」。三星堆文化為青銅時代的考古學文化，共分三期，在三星堆遺址分別對應為遺址的二、三、四期文化遺存，時代跨度約為距今4000年至2600年。

「三星堆一期文化」（三星堆遺址第一期）所處時代大體與古蜀史傳說中的「蠶叢」時期相當，與中原地區龍山文化時期大致對應，屬新石器時代晚期文化。該期生產工具多為小型磨制石器，以斧、錛、鑿為主，並出現了璧、環、錐、珠等小型玉質禮器，陶器器型與紋飾複雜多樣，以翻領器、寬沿器、盤口器、花邊口器、鏤孔圈足器及平底器為主。

三星堆遺址的第二、三期文化遺存為該遺址最為繁盛的階段，時段跨度約為距今4000年至3200年，大致與古蜀史傳說中所謂「柏灌」和「魚鳧」時期相當，與中原地區夏商時期相對應，以小平底罐、高柄豆、鳥頭柄勺、盃、器蓋等系列陶器群為時代特色。

在距今約3200年至2600年左右的相當長的一段時間內，三星堆遺址仍然分佈著面積不亞於二、三期時期的文化堆積──四期文化遺存（三星堆文化第三期），它依然是同時期成都平原最為重要的聚落之一。這一時期與古蜀史傳說中的「杜宇」時期相當，對應於商末周初至春秋早中期，以尖底器、高領器、高柄燈形器、矮圈足器等系列陶器群為時代特色。

一、文明初曙 —— 三星堆遺址一期文化

　　三星堆遺址一期文化相當於中原龍山文化時代，大體對應古蜀歷史傳說中的蠶叢與柏灌王朝，距今約 4800 年至 4000 年。其文化遺存分佈面積約 5 平方公里，是新石器時代晚期成都平原乃至長江上游最大的一處中心遺址。此期文化因素以本地特色為主體，遺存中含有具石家河文化與良渚文化風格的玉器和陶器，說明當時成都平原已與長江中下游地區有了文化交流。而成都平原史前城址群的發現，則表明當時已出現大小城邦組織，其中唯三星堆發展成為最早的古蜀國中心都邑。

　　曾主持三星堆大型商代祭祀坑發掘的原三星堆工作站站長陳德安先生認為，三星堆遺址包含著兩種文化面貌不盡相同、且又有前後承繼關係的遺存：一種是三星堆早期遺存，或稱三星堆遺址一期文化，其相對年代大約在中原地區的龍山時代；另一種是三星堆晚期遺存，即三星堆二至四期文化，或叫三星堆遺址上層文化，其相對年代大致在夏至春秋早中期。

　　以三星堆遺址為代表的早期遺存，在四川盆地內有廣泛的分佈。綿陽邊堆山、巴中月亮岩、通江擂鼓寨、漢源獅子山等處遺址，都屬於這一時期的遺存。在成都平原還發現了相當於三星堆遺址一期文化的遺址，這些遺存已被命名為「寶墩文化」。在這些遺址內都發現了夯土城牆，城址規模較大。這些古城的發現，說明在三星堆一期，蜀人正由原始公社向文明社會過渡，為後來出現高度發達的夏商時代三星堆古蜀文明奠定了基礎。

　　三星堆遺址一期文化大約距今 4800-4000 年，屬於新石器時代晚期，相當於古史傳說中的蠶叢、柏灌時期。陶器由於取材容易、製作簡便，成為人們的主要生活用具，遺址中出土的這一時期的陶器以泥質灰陶為主，製作手法多為手製，輪製也占了一定的比例，平底器較多，還有少量的圈足器。陶器上還出現了細如粗線的繩紋、籃紋、重疊繩紋、網格紋、米粒紋、縷孔、細弦紋、齒紋等裝飾性紋飾，顯得古樸、簡練。當時，人們的生產工具以石

巴蜀地区新石器时代遗址分布图
Ba-Shu Region Basin Neolithic Sites Distribution

什邡桂圓橋遺址

器為主，使用的石制工具器型較小，有斧、錛、鑿等，其加工較精緻。這反映了這一時期已經脫離了粗放的農業階段，出現了較高級的農業經濟，農業的高度發展為生產工具的精細加工提出了技術要求，同時，也為後來生產精美的玉石禮儀用器準備了條件。另外，還出現了少量的小型玉質禮器，如璧、圭、環等。

在遺址中廣泛分佈著建築遺跡，證明了當時居民眾多。建築的形式與技術是和自然條件、地理環境密切相關。從三星堆遺址殘留的牆基及柱洞等情況分析，當時的建築多為干欄式木骨泥牆建築，即先在地上挖柱洞和牆基槽，立木柱，修建高出地面的房屋，然後以小木棒或竹棍作為牆骨，兩側抹草拌泥作為牆壁。這種建築的優點是材料易得，而且具有良好的防風防潮性能。房屋大多為圓形和方形，一般的房屋面積為二三十平方公尺，最大的一處建築面積達 200 平方公尺左右，估計是重要的公共活動場所。

這一時期，在房屋基址出現奠基坑，以青壯年或兒童作為奠基用的人牲。在三星堆遺址西部的仁勝村，發現了29座新石器時代晚期的長方形土坑（墓），它們大小不一，大的長3.6公尺、寬1.8公尺、深1.2公尺，小的長2.4公尺、寬1.2公尺、深1.3公尺，出土了獸骨、玉器、石器、陶器、象牙等物品。其中，有的坑內埋入骨架仰身直肢，有的人骨架身軀不全而似經肢解，有的坑內埋有經肢解的動物犧牲，坑壁及坑底經反復夯砸或拍打，坑內的人的軀體和動物犧牲似也經過夯砸或拍打，這是一種特殊的掩埋方式，其性質有待進一步研究。這些土坑群，究竟是考古學家尋覓已久的三星堆古蜀國的墓葬，還是祭祀坑，還有待進一步研究，但這一發現對於瞭解三星堆古城佈局、喪葬習俗以及與其他地區考古學文化的聯繫等有非常重要的價值。坑中出土的玉錐形器的形制、風格與江浙良渚文化墓葬中所出玉錐形器極為相似，說明早在4000多年以前三星堆和長江中下游地區就有了文化聯繫。

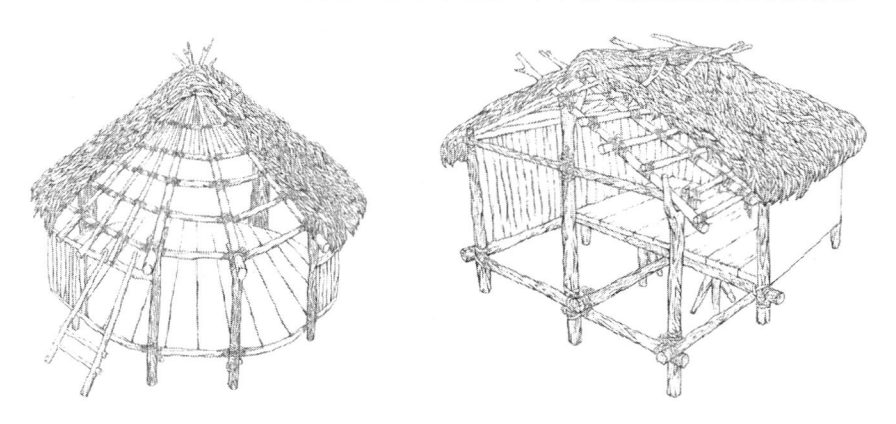

三星堆遺址建築遺跡及房屋復原圖（繪圖：吳維羲）

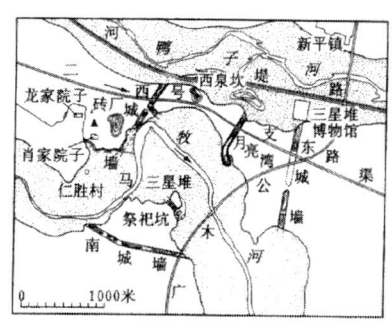

三星堆遺址仁胜村土坑墓位置图

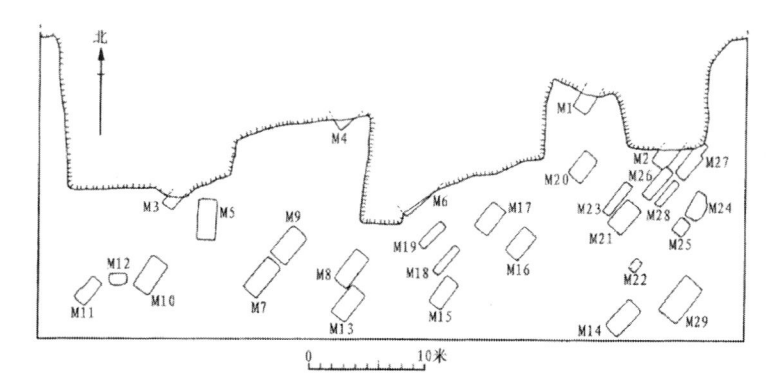

仁胜村土坑墓分布平面图

文物資訊

黑曜石珠

1998 年三星堆遺址仁勝村土坑墓出土

黑曜石珠

第三節 地下史書—古蜀 2000 年滄桑史

仁勝村土坑墓出土黑曜石珠共 37 顆，大小不等，通體黑色，形制為圓形或扁圓形。其在仁勝村墓地出土的各類玉石器中係數量最多的一類器物。仁勝墓地出土的黑曜石珠並不具備狹義的工具性能，其珠體均無穿孔，不同於串珠、管、佩飾等器物的裝飾功用，從其在墓內的空間分佈規律看，亦應非作為一般裝飾品隨葬。

仁勝村土坑墓出土錐形器共 3 件，均呈圓柱狀，但在器體的肥瘦、錐尖端之利鈍及錐形榫的長短等具體形式上則有一些差別。總體來看，其形制與良渚文化墓葬中所出的同類器相似，應是東南遠古文化與成都平原新石器時代晚期至夏代的古文化之間存在某種形式的文化互動之實物例證。

仁勝墓地出土玉錐形器的 5 號墓，是該墓葬群中隨葬玉石器品類和數量最多、遺跡現象最為複雜的兩座墓葬之一，應非偶然。就器物本身看，其榫部無穿，亦不可能作串連環佩的頸飾等裝飾之用。因而推測仁勝墓地所出錐形器在其所屬三星堆早期居民主體的文化約定中，其主要功能之一很可能是與地位和權勢象徵有關的禮器。

文物資訊

錐形器

1998 年三星堆遺址仁勝村土坑墓出土

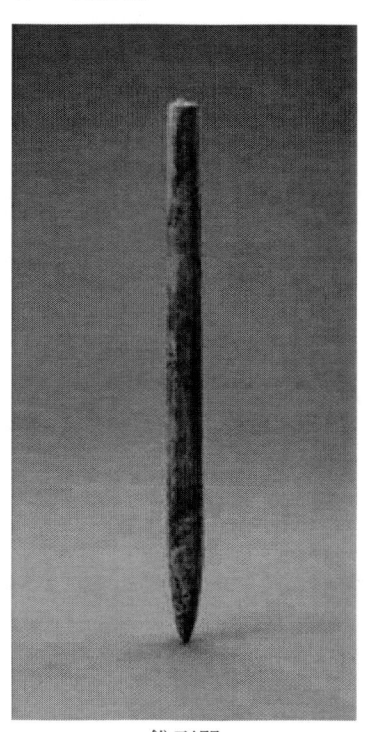

錐形器

延伸閱讀

玉錐形器

關於玉錐形器的用途，學術界有多種看法，或認為是墓主頸飾或冠飾的組成物件之一，或認為是用於頂穴療病之砭針，或認為是宗教禮祭活動中的法器，還有觀點認為方柱類錐形器是加工玉石器時用於精確定位的鑽頭等。

為何叫「三星堆」

三星堆遺址面積達12平方公里，其中心區域即面積約4平方公里的三星堆古城。三星堆，原指古城內三個起伏相連的「黃土堆」，位於南城牆以北約460公尺處，其布列形式宛若三星當空，並與其北面形如新月的月亮灣隔馬牧河南北相望，故得「三星伴月」之嘉名。《漢州志》曾對此有明確記載：「治（今廣漢）西十五裡，三星伴月堆」，「其東則湧泉萬斛，其西則伴月三星」。足見這是一處得名甚早的人文景觀。

經考古勘探、發掘證實，所謂三星堆實是與南城牆大體平行、殘長約200公尺的夯築土埂，原應為三星堆古城早期修築的一道城牆。因其緊鄰一、二號祭祀坑，故推測它不僅具防禦功能，亦或兼具「祭台」功能。廣義的三星堆，則是指包括該歷史景觀在內的這一考古學文化遺址——三星堆遺址。

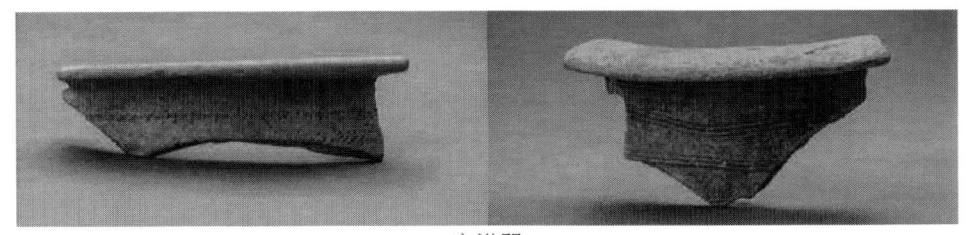

寬沿器

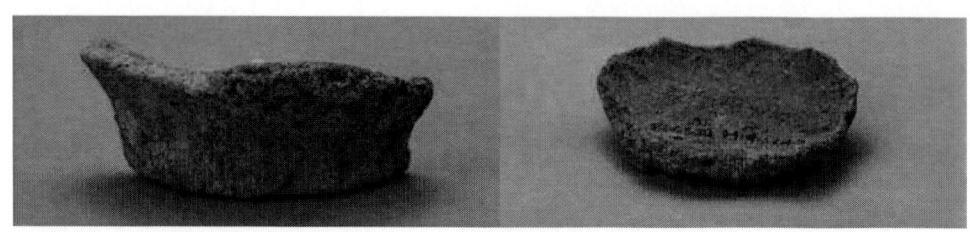

第三節　地下史書─古蜀 2000 年滄桑史

平底器

繩紋花邊罐

　　四川盆地內主要的河流有長江上游主要支流岷江、沱江和嘉陵江，這些河流給人類以充足的水源，以及交通和灌溉的便利，因此四川這塊沃野很早就有人類的活動。

　　四川盆地新石器時代的文化遺址分佈非常廣泛。到目前為止，據不完全統計，已發現的新石器文化遺址和地點就在 200 處以上，特別是成都平原分佈尤為密集。成都平原附近發現的新津龍馬鄉寶墩古城遺址、都江堰蟒城遺址、溫江魚鳧城遺址、崇州雙河古城遺址、郫縣古城遺址等遺址年代屬新石器時代晚期的古城遺址，其規模均比三星堆古城小，一般為 10-30 萬平方公尺，其中新津寶墩古城遺址的規模較大，為 276 萬平方公尺，而廣漢三星堆古城則近 400 萬平方公尺。它們的發現，說明當時的成都平原已經有了大小城邦組織。而在這些城邑中，唯有三星堆早期遺存脫穎而出，最終成為古蜀國的中心都邑，創造了耀古爍今的青銅文明。

延伸閱讀

新津寶墩古城遺址

寶墩遺址年代上限屬距今 4500 年左右的新石器時代後期，位於成都新津縣城西北約 5 公里的龍馬鄉寶墩村。

寶墩古城城牆採用堆築法建成，分為二期。第一期城牆東西長 600 公尺，南北長 1,000 公尺，總面積 60 萬平方公尺（1995 年探明）；第二期城牆較殘缺，其總長度約為 6.2 公里（2010 年探明）。寶墩古城是迄今長江流域城址規模僅次於良渚古城、具有雙重城牆的龍山時代城址。古城遺址內有小型房屋、灰坑、土坑等，出土遺物主要有石器工具和生活用陶，可知寶墩時期人們已過著定居農業生活。值得重視的是，修造高大的城牆、寬深的壕溝等大型設施需要具備強大的社會組織力，由此推測，成都平原在距今 4500 年前後已形成權力集中的聚落中心。

高山古城遺址

高山古城遺址屬於寶墩文化早期，位於成都大邑原三岔鎮趙庵村古城埂，地處成都平原西南邊緣。古城平面形狀大致呈梯形，東西平均長 632 公尺，南北平均長 544.5 公尺，面積約 34.4 萬平方公尺。出土石器分為打制和磨制兩類，以磨制石器為主，器形主要包括斧、錛（一種砍削木料的工具）、鑿、刀等，以穿孔石刀、雙肩石斧、打制的燧石器（包括石核、石片及燧石原料等）較有特色。遺址中發現 4500 年史前墓地，人骨保存狀況良好。有助於破解史前先民 DNA。此外，還發現象牙手鐲等珍貴遺物。

郫縣古城遺址

郫縣古城遺址屬新石器時代晚期，距今 4000 年左右。古城遺址位於成都郫縣古城鎮，是多處史前城址中保存最為完好的一處遺址。遺址長約 650 公

尺，寬約 500 公尺，總面積 32 萬平方公尺。郫縣古城遺址是成都平原史前城址中四周城垣均保存得最為完好的一座古城，古城中發掘出大面積房址，推測為禮儀性建築遺跡。

都江堰芒城遺址

芒城遺址位於都江堰市南郊芒城村。城址為不規則的長方形，面積 10.5 萬平方公尺，特點是城垣有內外兩圈，呈「回」字形。內圈城垣保護較好，城內地面高出城外約 0.3 公尺；週邊城垣保護較差，與內圈城垣相距約 20 公尺，中間地面比城內外都低，可能是蓄水的溝道或封閉式的護城壕。遺址住宅多為內設灶坑的方形單間，而且大量使用了竹子作為建築材料。出土大量陶器和石器，其中陶器以泥質居多，石器有斧、鑿等。

崇州雙河遺址

雙河遺址位於崇州市北上元鄉雙河村，現存三面城垣，面積約 10 萬平方公尺。與芒城遺址相同，城垣也是內外兩圈，呈「回」字形，內外圈相距 15 公尺。結構和夯築方式與芒城遺址相似，出土的大量石器與陶器的文化特徵則與郫縣古城遺址一致。

溫江魚鳧城遺址

位於溫江城北的萬春鄉魚鳧村，屬成都平原腹心地帶。城址為不規則多邊形，古城面積約 32 萬平方公尺。城垣破壞嚴重，南垣長約 600 公尺，底部墊有卵石層。城垣用斜坡堆積夯築而成，牆底地基採用鋪墊卵石的處理方法。出土石器以磨制的小型石錛為主，陶器以夾砂陶為主。

崇州紫竹古城遺址

紫竹遺址距今 4300 年，是成都平原目前發現的三座具有內外城牆結構的古城之中最大最早的一座（比另外兩座雙重城垣的芒城遺址和雙河遺址早

約300年)。遺址位於成都崇州市西南燎原鄉紫竹村，呈長方形，城牆分內外兩圈，呈「回」字形，面積20萬平方公尺。發掘出的陶器、石器、骨製品表明，在新石器時代晚期紫竹古城就有人類在此活動，且社會已經發展到較高階段。

成都平原地區考古學文化與其他地區歷史年代對照表

中國中原地區		成都平原地區	印度	西亞	古埃及
新石器時代		三星堆一期文化（寶墩文化）	印度河文明 哈拉帕文化	古巴比倫時期	第一中間期
夏					中王國時期（底比斯第一帝國）
商	前期	三星堆二、三期文化		前期凱喜特王朝（古巴比倫時期）	第二中間期
	後期				新王國時期（底比斯第二帝國）
西周		三星堆四期文化（十二橋文化）	吠陀時期	伊辛第二王朝 新亞述時期	第三中間期
東周	春秋時期			新巴比倫王朝	伊索比亞和薩伊期的復興
	戰國時期	晚期巴蜀文化	前孔雀王朝和孔雀王朝	古波斯（阿黑門尼德王朝）	波斯王朝
					希臘王朝

二、鼎盛時期 —— 三星堆遺址二期至三期文化

三星堆遺址第二期至第三期文化的時段相當於中原夏商時代，大致對應古蜀歷史傳說中的魚鳧王朝，距今約4000年至3200年。此時期，三星堆遺址總面積約12平方公里，古城範圍近4平方公里。城牆體系合理嚴謹，城市功能區劃佈局講究、設施完備，其龐大的規模堪比同時期的中原王都。而兩個祭祀坑中出土的近千件璀璨奪目的青銅重器，是大型宗教禮儀活動之產物。凡此等等，足證三星堆此時已發展成為中國西南地區的文明中心。

以三星堆二至四期為代表的晚期遺存，除在盆地內以成都平原為中心的

地區有較為廣泛的分佈外，在川北的嘉陵江、川西南的青衣江、大渡河流域也有分佈。另外，在三峽地區的商周遺存中也見較為強烈的三星堆文化因素，陝南漢中地區、鄂西地區也受到三星堆文化的影響。

考古學意義上的三星堆文化是以三星堆遺址二至三期文化為代表，時間跨度為距今 4000 年至 3200 年，相當於中原地區的夏商時代，這是典型的早期蜀文化的形成和繁榮期。一般認為，此期屬古蜀史傳說中的魚鳧王朝時期。

這一時期，三星堆先民開始修築城牆。東、西、南三面城牆均採用人工斜坡夯築的方式，以增加其牢固性。其中，東城牆遺址位於三星堆遺址最東面，地面現存部分總

東城牆土坯磚照

長約 1,090 公尺，高 2～5 公尺，頂部寬 20 余公尺，如根據城牆南北端被馬牧河與鴨子河沖毀的遺址寬度推算，東城牆當時應在 1,700～1,800 公尺左右。特別值得一提的是，在東城牆南段的上部和頂部還首次發現了成片、成形、成層集中分佈、加工規整的土坯磚。推測其作用主要是在城牆上部的夯築過程中，代替木質夾板起分段隔離作用。鑒於城牆頂部的土坯磚呈方塊狀集中分佈且有一定厚度，不排除東城牆頂部當時疊築有土坯高臺建築的可能。在城牆建築使用土坯磚，在中國先秦城牆建築中尚屬首次發現。

文物資訊

月亮灣臺地出土三星堆遺址二期筒瓦、板瓦

1986 年三星堆遺址二號祭祀坑出土

月亮灣臺地出土三星堆遺址二期筒瓦、板瓦照

三星堆遺址東、西、南城牆照

　　南城牆位於三星堆遺址西南部，按走向可分東西兩段，東段基本上呈正東西走向，地面現存部分總長約 1,150 公尺，推測長度為 2,000 公尺，頂寬 10 公尺以上，下部寬約 20 余公尺，高 2 公尺。西城牆位於三星堆遺址西北部鴨子河與馬牧河之間的高臺地上，與東城牆之間構成一梯形城郭。地面現存部分總長約 600 公尺，南端較高約 3～6 公尺，頂寬約 10～30 公尺，底寬約 35～50 公尺。在這幾面城牆的外側，發現有二三十公尺的壕溝，北接雁江，南通馬牧河。城牆與壕溝的結合，充分體現了防禦功能，既具有防禦功能，還能防洪排澇和交通運輸，它們是三星堆古城綜合性水系工程的一部分。曆千載滄桑，古城雄姿依然，足以令人感受到古蜀王都的宏偉氣象。

倉包包城牆

第二章 穿越古蜀時空隧道 —古蜀史傳說與三星堆考古 | 61

青關山城牆　　李家院子城牆

　　根據以往的考古發掘，專家們大多認為，三星堆古城的城牆只有東、西、南三面，北邊是以鴨子河的天然屏障。自 2013 年開始，考古專家陸續在三星堆遺址北部發現了 5 道城牆，分別為北臨鴨子河的真武宮城牆、倉包包城牆、青關山城牆、馬屁股城牆和李家院子城牆。至此，三星堆古城的城牆由原來的 5 段變成了 7 段，外廓城也因「北城牆」而趨於完整。

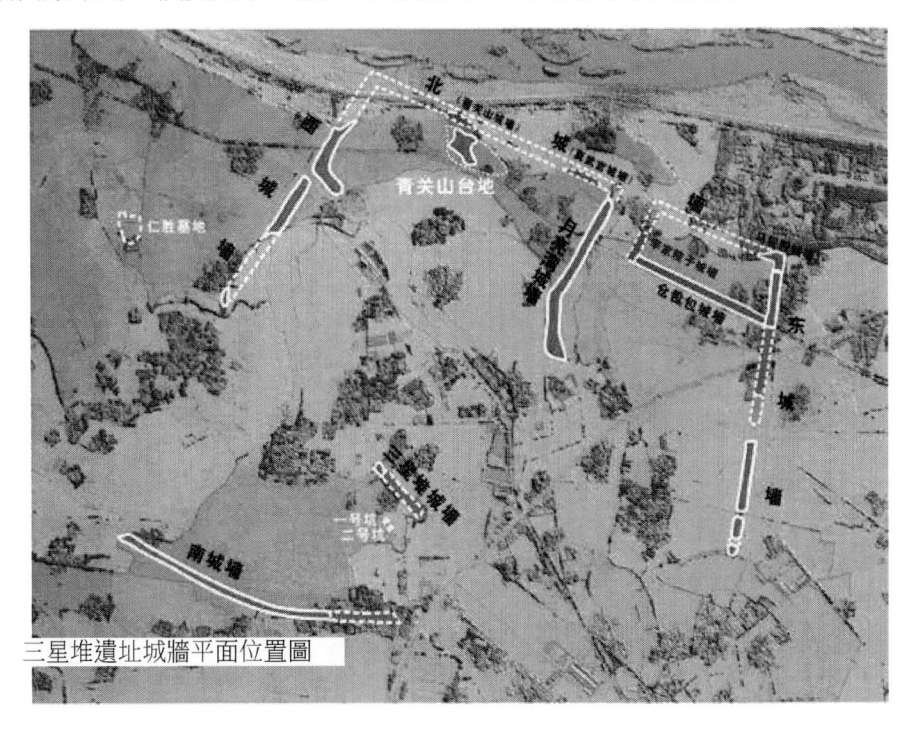

三星堆遺址城牆平面位置圖

真武宮城牆照

　　其中，真武宮城牆位於三星堆城址北部的真武宮梁子上，北臨鴨子河，該城牆東端與月亮灣城牆北端直角相接，如將真武宮城牆現存部分東西直線延伸，則剛好可與東城牆的現存北端以及西城牆的復原北端直角或近直角相接，故其有可能為苦尋多年的「北城牆」。經發掘確認，真武宮城牆殘長逾200公尺，始築於三星堆遺址二期偏早，斜向堆築，與月亮灣城牆和寶墩古城（內）城牆幾乎完全相同。因此，它應修建稍早，大體是夏代晚期。考古專家將年代相仿的城牆聯繫起來，在其中拼合出了面積近460,000平方公尺

月亮灣城牆剖面照

第二章　穿越古蜀時空隧道─古蜀史傳說與三星堆考古 | 63

的月亮灣小城和面積約 88,000 平方公尺的倉包包小城。學者們認定，城牆的發現，使得三星堆城址北部的城圈結構已基本清晰，這對於認識三星堆城址的聚落結構具有深遠意義。

1999 年—2000 年，考古學家在三星堆遺址中北部的月亮灣臺地發掘了呈南北走向、與西城牆北段基本平行的城牆，其橫斷面呈梯形，底部寬 40～43 公尺，頂部寬 20 余公尺，主城牆高 2.8 公尺左右。牆體建築採取無基槽式平地起夯，材料以泥土和沙土為主，局部採用鵝卵石壘築支撐。專家推測，月亮灣城牆極有可能是內城牆或宮殿的城牆。

新世紀開篇以來至今的三星堆考古勘探與發掘，已進一步摸清了古城的佈局，不僅對生活區、祭祀區、墓葬區等有更加清楚的認識，且城牆體系也更為明晰。那麼，古蜀國的宮殿區又在何處呢？

2013 年，考古工作者在位於三星堆遺址西北部北瀕鴨子河、南臨馬牧河的二級臺地上進行了勘探發掘，發現了三星堆遺址項目考古以來最大單體建築基址 —— 青關山建築基址。青關山臺地呈長方形，長約 55 公尺、寬約 15 公尺，面積約 900 平方公尺，東西兩側似有門道。根據形制和出土物判斷，使用年代大約為商代，距今 3000 多年。這是迄今為止發現的面積僅次於安陽洹北商城一號宮殿基址北正殿的商

青關山三號房址出土的象牙

代單體建築基址。

　　初步推測，青關山建築基址大約由 6 到 8 間正室組成，分為兩排，沿中間廊道對稱分佈，正室面闊 6 至 8 公尺、進深約 3 公尺，中間廊道寬 5 公尺左右。存留的牆基內外各有一排密集分佈疑似「簷柱」遺跡，絕大多數為長方形，共計近 200 個。兩排「簷柱」間似有寬近 1 公尺的廊道，牆基和「簷柱」底部均由紅燒土塊壘砌。基址內還出土有出土的象牙、玉璧、石璧等。

　　關於青關山建築基址的使用性質，目前有宮殿說、府庫說和祭祀說等。發掘者認為，這麼大的面積，應是王權性質，很有可能為最高統治者所使用。具體結論如何，還有待進一步的發掘和研究。無論如何，該地點是尋找古蜀國宮殿區的重要線索，且讓我們拭目以待。

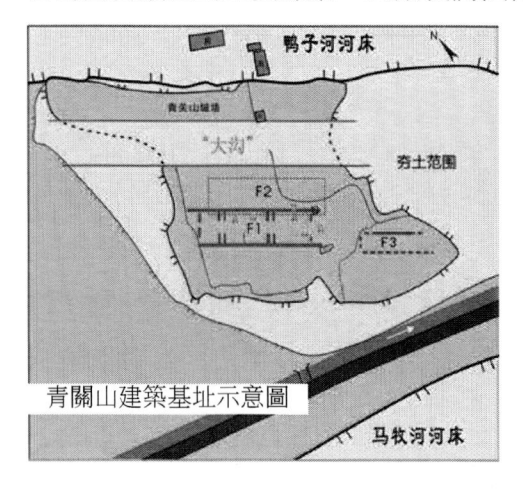

青關山建築基址示意圖 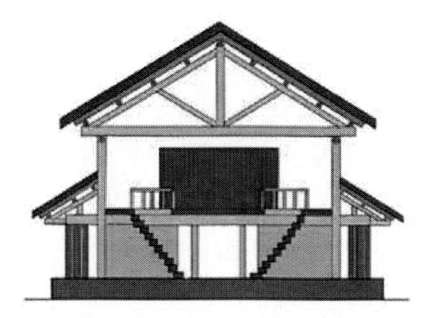　　　　　青關山宮殿建築復原圖

　　三星堆古城規模宏大，作為都城，其規劃不同於夏商都城佈局，形成了以河流兩岸臺地為中心，以中軸線為城市規劃與佈局主線，以大城包容若干小城的總體空間結構形態，同時巧妙利用河流的交通和防禦功能，構成了防禦、防洪和交通體系，體現了人與自然的和諧統一。這種富有科學性的規劃原則和建築藝術具有鮮明的地域特徵，是中國早期古城建築模式多元化的傑出代表，對中國西南地區古代都城和城市建設有著重要影響。而且，三星堆古城城牆建築的夯土技術，東城牆局部使用最早的土坯磚、運用坯砌與土夯

青關山宮殿建築

相配合的建築方法以及加固技術等，這種就地以土築牆的建築方法成為中國夏商時期長江上游地區的築牆方式，在今天的川西平原，尚有夯土築牆建房的孑遺。凡此等等，足以說明三星堆文化階段的建築技術，代表了中國夏商時期長江上游城市建築的先進水準。

延伸閱讀

三星堆古蜀國的城垣建築技術

　　城牆建築是三星堆文化時期的重要經濟技術和社會文化建設的成就之一。就城垣建築技術來看，成都平原史前古城城垣建築採用二次補築的築城技術被三星堆文化完全繼承並得到進一步發展，形成了自己鮮明的文化特色。

　　1. 築城的基本方法和技術特點為「斜坡堆土、拍夯結合」。三星堆古城城垣為平地起建，城牆斷面為梯形，牆基一般寬 40 余公尺左右，頂部現存寬度約 20 余公尺。牆體由主城牆（即牆心主體）、內側牆和外側牆（即兩側護坡）三部分組成。其堆土拍夯的方法主要有兩種：

（1）平夯法。主城牆主要採用這種平地堆土、分層平夯的夯法，其兩腰經鏟削修整，並用夯具橫向拍打，使表面平整、光滑和堅硬，每層厚約 10～20 公分。據夯窩情況，推測夯具為木質圓杵。採用此法層層加寬增高，經多次加築而成。

（2）斜堆拍夯法。內側牆與外側牆系斜向堆土拍夯修築而成，即將牆土貼在已有牆體上，再用木棍拍打平整堅實，複加土重拍。

　　2. 坯砌與土夯相互配合的建築方法。三星堆東城牆的垣頂部與西城牆夯土層的個別地方均發現了坯磚建築遺跡。其中，以東城牆發現的土坯最多，壘砌最整齊。磚坯加工規整，數量較多，可知當時已較多運用此種建築材料。在城牆建築上使用土坯磚堪稱三星堆文化階段建築技術上最重要的成就，也是中國城牆建築史上發現的最早使用土坯壘築城牆的實物例證之一。

　　3. 與城牆夯築技術相配套的加固技術。三星堆古城東城牆牆基底特意做成了鋸齒形壕溝，中間低而兩側高，有助於防止堆土和夯打時底部產生滑動。月亮灣城牆牆體局部則採用卵石壘築、支撐，以增加牆體的穩固性而不致坍塌。

第二章　穿越古蜀時空隧道—古蜀史傳說與三星堆考古 | 67

　　三星堆古蜀國的中心城區面積近 4 平方公里，城內佈局合理，結構嚴謹。按不同的功能和需要分為居民生活區、作坊區、祭祀區、墓葬區等，具備了早期城市的各種功能。此一時期，祭祀活動十分盛行。1986 年發掘的兩個大型祭祀

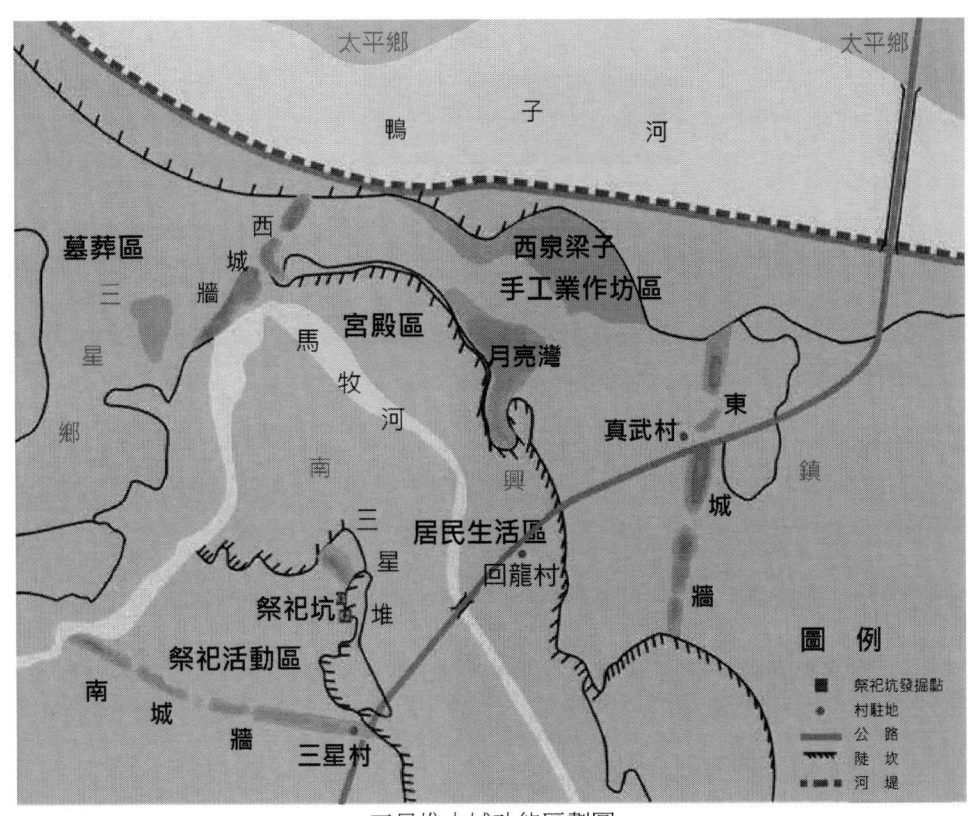

三星堆殘存土堆照

三星堆古城功能區劃圖

坑極有可能就是一次大型宗教活動的產物。青銅器在這一時期空前繁榮，兩個祭祀坑的發現被稱作「一次性出土金屬文物最多的發現」，特別是出土的青銅雕像群堪稱前所未見、聞所未聞的稀世珍寶。

一號大型商代祭祀坑照

二號大型商代祭祀坑照

在房屋建築方面，三星堆文化時期的房屋主要有方形、長方形和圓形三種形式，以長方形和方形者居多。建築方式是在原生地面上挖溝槽，槽中立木柱，間以小木棍或竹棍作為牆骨，在兩側抹草拌泥成

為牆壁，並經火燒烤。屋面用五花土鋪墊，並經夯實。圓形房子一般不挖溝槽，直接在地面上掘柱洞立木圍成一圓圈，圓圈中心立擎柱以支撐屋頂。柱子之間無壁牆，估計是一種干欄式建築。屋內有火塘。這一時期的大型建築最早見於二期文化晚段，為木骨泥牆式建築，面積多達 200 餘平方公尺，超過一般民居建築，其功能可能是重要公共活動場所，甚至是一種殿堂式大型房屋。其建造技術直承木骨泥牆的傳統技術，而在築牆技術上已較同期早段同類建築成熟，不再分兩次或多次挖溝埋築，而對於建造如此大體量的房屋，其在空間經營與控制上也應汲取了早期大型建築的傳統營構經驗。

在宗教祭祀方面，1986 年 7 月和 8 月，在三星堆遺址內先後發現了兩個商代祭祀坑。學術界對兩個祭祀坑的性質爭

論很大，有人認為是祭祀坑，有人認為是器物坑，有人認為是窖藏，更有人認為是陪葬坑。經過對出土文物的整理研究和學術界一段時期的討論，現已比較傾向於祭祀坑說。從兩個坑出土的器物的使用性質和功能分析，兩個坑內埋入的器物均不屬於日常生活用器，也不屬於一般性的禮儀祭祀用器，而是僅適合於大型宗廟內使用的像設、禮儀用器和祭祀用品。兩個坑內埋入的器物，同一坑內的器物年代差距較大。從器物的種類、用途和年代距離以及同一器類之間彼此連續發展，無文化面貌上的差異等情況來看，反映出是同一國家的先後時代不同的兩個宗廟內的用品。兩個不同時期的宗廟被毀後，再掘坑將宗廟重器埋入坑中。很可能是統治階級內部權力的轉移即改朝換代所造成。在宗廟被毀後，舉行祭祀的禮儀，將宗廟器物焚後埋入坑中。除此之外，1986年春天在一、二號祭祀坑西側還發現兩個小型祭祀坑，坑內出土銅器和玉石器，器物也經火燒過。這些情況說明三星堆文化時期（三星堆遺址二至四期）的祭祀遺跡在三星堆遺址的分佈是比較廣泛的。

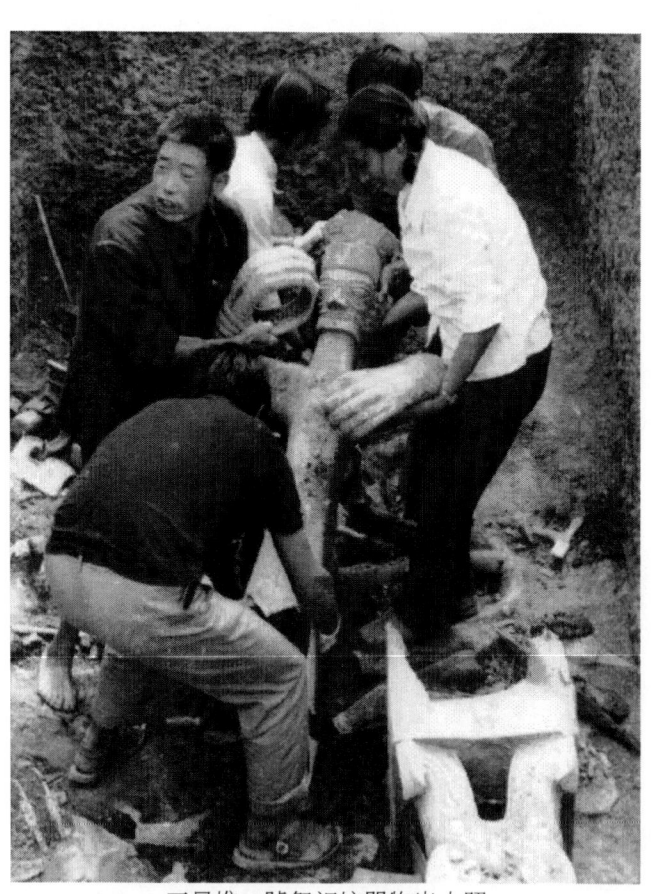

三星堆一號祭祀坑器物出土照

第二章 穿越古蜀時空隧道—古蜀史傳說與三星堆考古

三星堆文化在不斷發展的過程中，產生了具有濃郁古蜀地方特色的陶器——高柄豆、小平底罐、鳥頭把勺等，並逐步形成了蜀地陶器的基本組合，明顯區別於中原商文化以鼎、鬲、甗等為基本組合的文化特徵。

至今，我們尚未發現三星堆古蜀國時期的文字，考古學家只是在三星堆二、三期的部分陶器上發現了簡單的刻劃符號。由於數量較少，且多是單獨出現，尚不能作為文字加以釋讀。而春秋戰國時期的巴蜀銅兵器則不乏刻劃符

蜀陶基本組合圖

高柄豆

小平底罐

鳥頭把勺照

號，學術界稱之為「巴蜀圖語」，但它們到底是文字、族徽、圖畫或者地域性的宗教符號，也還存在爭議。隨著學界對「巴蜀圖語」持續、深入的研究，對解開三星堆的千古之謎應能起到一定的輔助作用。

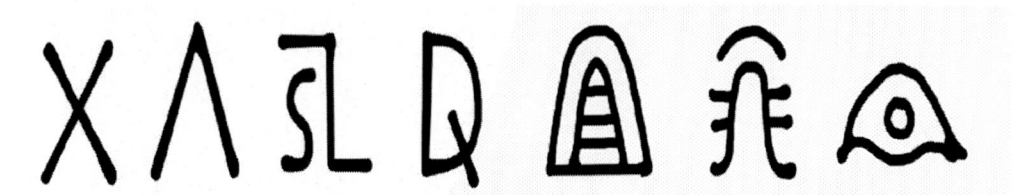

三星堆陶器上的刻劃符號

一般來說，古代文明和國家產生的重要標誌是城市的建立、祭祀場所的設置、青銅器的產生及文字的出現等。綜合來看，三星堆古蜀國在農業、手工業、商業，特別是玉石加工、青銅冶煉鑄造等領域，都取得了卓越的成就，是雄踞西南的早期城市、國家。

延伸閱讀

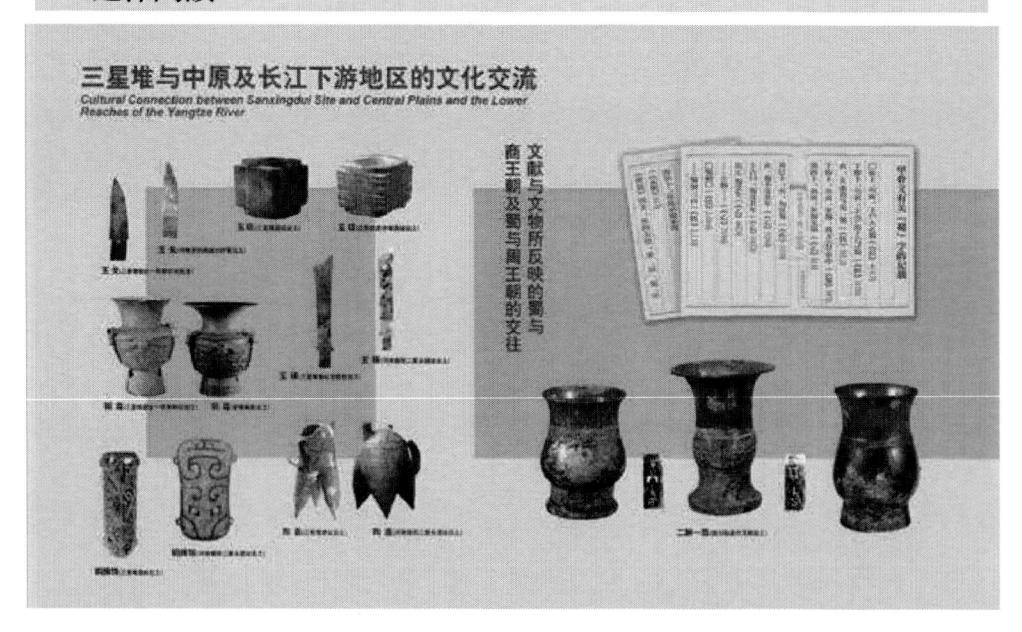

三星堆与中原及长江下游地区的文化交流
Cultural Connection between Sanxingdui Site and Central Plains and the Lower Reaches of the Yangtze River

三、文脈潛行 —— 三星堆遺址四期文化

三星堆遺址四期文化相當於商代晚期至春秋時期，大致對應古蜀歷史傳說中的杜宇王朝，距今約 3200 年—2600 年。在經歷了長期繁榮之後，三星堆古城最終被廢棄，某種自然或人為的原因，導致了古蜀國政治中心的南遷。雖然自鼎盛而趨於式微，但三星堆依然是同時期成都平原最重要的聚落之一。三星堆文明在廣大區域內持續發展的完整歷程，證明了其持續而強大的輻射力。2001 年初發現的成都金沙遺址，可以說是三星堆文化在新的歷史時期的凝聚、傳承和創新，古蜀歷史由是進入一個新的發展階段。

成都金沙遺址墓葬區發掘現場

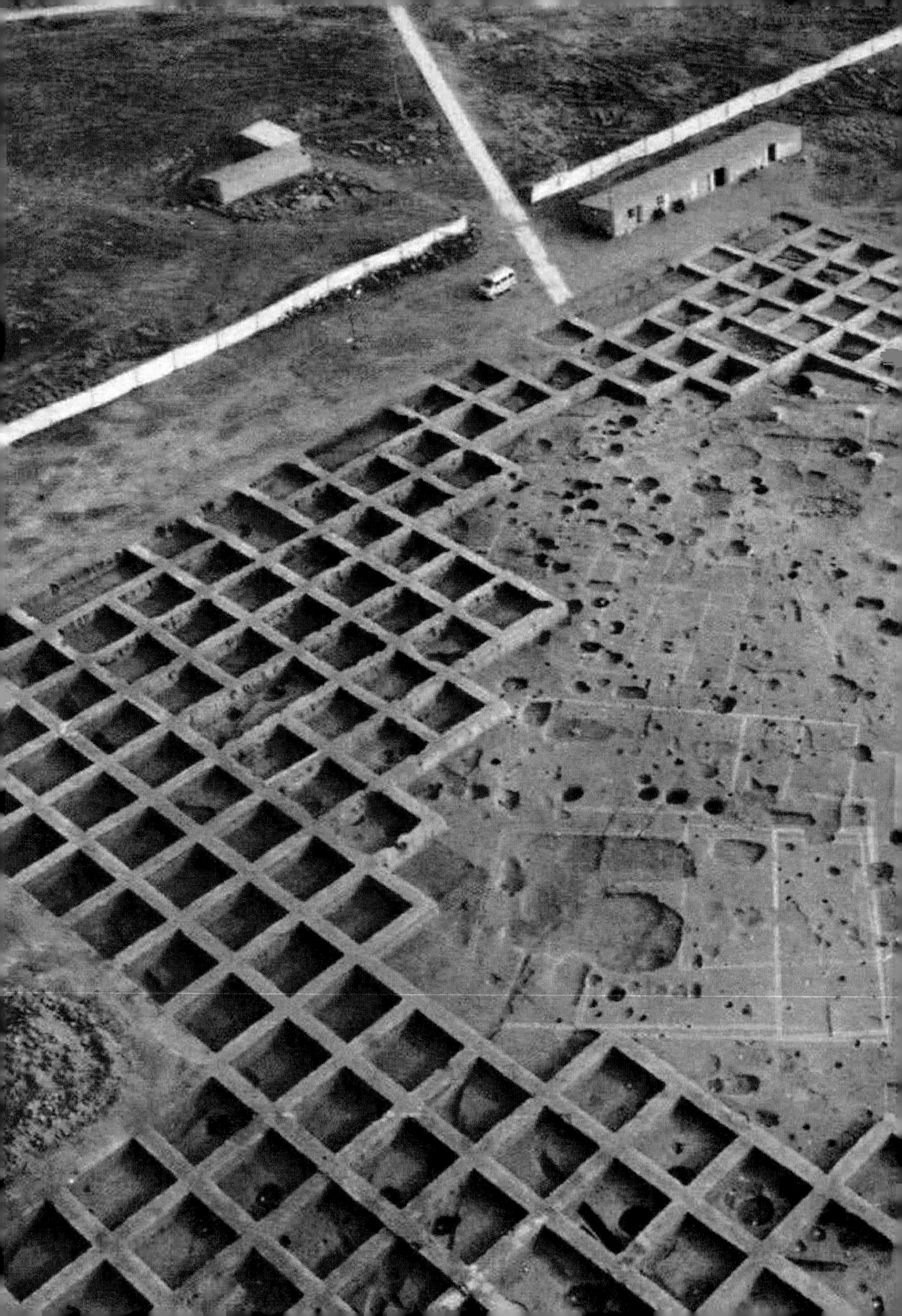

成都金沙遺址發掘現場

三星堆遺址四期文化時期，是早蜀文化由盛轉衰時期，因某種因素使三星堆古城被突然廢棄，其文明血脈何去何從不得而知。是什麼原因導致古城廢棄？龐大的古城居民去向何方？這些問題使三星堆如雲遮霧障，倍增神秘。2001年初，成都金沙遺址的重大考古發現初步揭示出：以金沙遺址為代表的十二橋文化與三星堆文化具有承前啟後的文化關係。自廣漢三星堆之後，古蜀國政治文化中心南遷至成都，古蜀文化從此轉入一個新的發展階段。關於南遷的原因，學術界看法並不一致：或認為是改朝換代，或認為是亡國，還有學者根據三星堆遺址商末周初時期地層有50多公分淤泥層的現象，推測是一場突如其來的洪水迫使古蜀先民離開了家園。

以往不少學者認為，三星堆文化遺存的下限在西周早期，認為古蜀國政治文化中心南遷至成都後，三星堆被徹底廢棄，三星堆文化中斷了發展。但是，近年考古工作者通過對三星堆遺址自1980年到2000年間歷次發掘資料的整理研究，已發現了西周中晚期至春秋早中期的文化遺存，這表明王朝興替、政權嬗代並未使三星堆文明中斷在本地的文脈傳續，其潛行默運、綿遠迢遞充分彰顯出其在古蜀歷史文化起承轉合中的文化韌性。

文物資訊

三星堆文化四期的尖底器

尖底杯

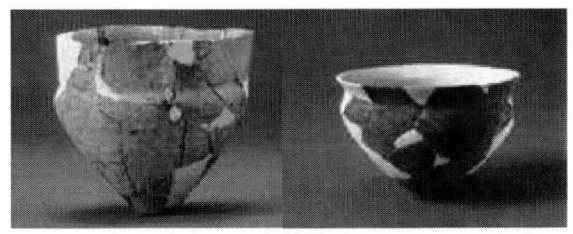

尖底罐

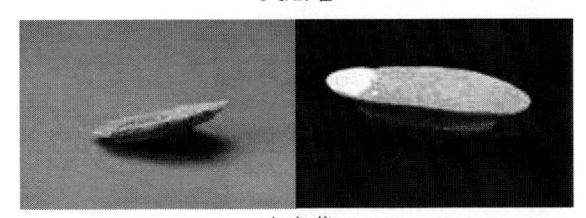

尖底盞

第三節　地下史書—古蜀2000年滄桑史

第三章 物華天府
—— 三星堆的農業、商貿、製陶、製玉和冶煉

成都平原是古蜀農業經濟區中開發最早、面積最大和最為重要的中心地帶，至商周時代，成都平原以稻作生產為主的農業經濟已較為發達。而農業的發展，自然為商品經濟的產生及商貿創造了有利條件。

　　三星堆屬都邑性質，要解決龐大人口的生存問題，自有賴於大規模的農業生產活動。其地北擁鴨子河，南依馬牧河，城內城外水網密佈，水源充足，具有天然良好的水利灌溉條件。遺址出土的各類文物，也反映出其生產的規模化與多樣性。如大量的酒具、家養動物造型等，可見證當時農業及家畜飼養業的興旺發達。而眾多出土的海貝、象牙及飾品等，則向人們透露出一些當時商貿及交通等方面的資訊。

第一節　風調雨順 —— 農業

　　在青銅時代，農具多為木製，難以留存，故三星堆遺址出土農具不多。雖然如此，遺址出土的數以千計的酒器仍可間接說明當時的農業生產已具相當水準；糧食產量高，方有餘糧釀酒，以備飲用或祭祀之需。其釀酒技術亦較為進步，據初步考查，當時已能生產過濾了酒糟的「清酒」。另一方面，家畜飼養的興旺也是農業發達的標識之一，遺址出土家養動物遺骨及各類家養動物造型頗多，可知家畜飼養業亦具一定規模。除農作物外，農副產品亦較豐盛。

　　陶器的創制與農業經濟的發展和定居生活的需要有密切關係，因其取材容易、可塑性強、製作簡便、經久耐用，被廣泛運用於古代生產生活的各個領域。

　　三星堆陶器製作歷史悠久，早在 5000 年前就已出現陶器。遺址內曾發現一種被稱為露天馬蹄窯的窯址，屬我國早期的陶窯之一。三星堆早期陶器以泥質陶為主，後來夾砂陶的比例急劇上升，成為主流。這種陶器在製作時在黏土中加入了一定比例的河砂一類的羼和料，有效地防止了陶器在加熱

第三章　物華天府─三星堆的農業、商貿、製陶、製玉和冶煉 ｜ 81

時崩裂。從三星堆遺址文化二期開始以夾砂褐陶為主，其陶器質地的變化表明，古蜀人在這一時期已開始有意識地選擇陶土，燒製技術也有了相當的發展。

　　三星堆陶器的製作採用了輪製和手製相結合的方法，器型既規整又富於變化。此期陶器裝飾工藝，主要有刮削、打磨、壓印、刻劃、戳刺、鏤空、線雕、分制黏合、附加堆塑等以及運用施陶衣的手法裝飾器表，其中如附加堆塑、鏤空等裝飾技法在寶墩文化時期已開先聲，此時期的運用則更顯純熟。紋飾方面，種類豐富、風格洗練，主要有粗繩紋、細繩紋，另有壓印紋、劃紋、戳印紋、附加堆紋、弦紋、幾何形紋、方格紋、圓圈紋、人字

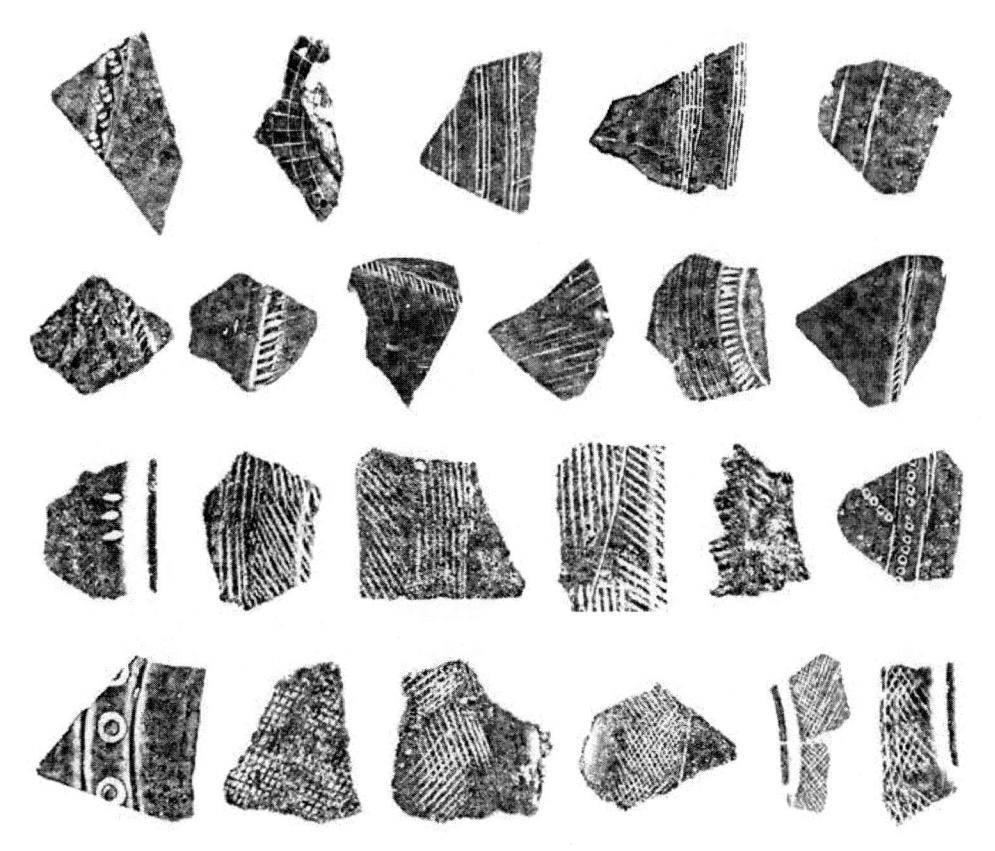

三星堆陶器紋飾選

紋、波浪紋、錐刺紋及雲雷紋等，在一些陶器上還發現了一些具有文字意味的刻劃符號，它們是否屬於早期的文字還有待進一步的研究。

三星堆古蜀國製陶業發達，遺址出土的陶器數量巨大，品種繁多，主要包括盛儲器、食器、酒器、炊器、陶塑的藝術品以及少量的禮器和生產工具，展示了古蜀先民日常生活的生動畫卷。

陶甕　　　　　陶壺　　　　　陶瓶形杯

陶罐　　　　　陶缸

延伸閱讀

從考古地層學和類型學的意義上講，陶器具有十分重要的作用。考古學家通常根據陶器陶質、陶色、紋飾、器型的變化來確定年代序列和考古學分期，並依據各地典型陶器的組合關係來確定其文化內涵及承傳關係。蜀地陶器與中原陶器相比，具有鮮明的地域特色。中原陶器的基本組合是鼎、鬲、甗，而蜀地陶器的基本組合是小平底罐、高柄豆、鳥頭形勺把等，這些器型在其他地方十分罕見，但在三星堆文化各遺址中卻大量出土，是三星堆文化的典型器物。而具有中原文化特色的陶盉、銅尊等器物的出土，又反映了蜀地與其他區域文化之間既各具特色又相互聯繫相互影響的關係。

《山海經·海內經》記載：「西南黑水之間，有都廣之野，后稷葬焉。爰有膏菽、膏稻、膏黍、膏稷，百穀自生，冬夏播琴（種）。」據學者考證，文中的「都廣之野」就是指今天的成都平原，后稷是先秦時代的農神，「膏」在這裡是肥美的意思。這段話的主要意思是說，這是一塊美麗富饒的土地，這裡氣候溫和，水利資源豐富，土地肥沃，百穀豐收。每年兩次播種，盛產菽、稻、黍、稷。

三星堆出土的大量酒具從側面證明了古蜀國的農業已經發展到相當高的水準，如陶盉、陶杯、陶觚等。酒緊緊依附著農業，糧食富足，才有餘糧用於釀酒。在三星堆遺址內，還出土了大量的陶制和青銅的動物造型，如陶塑豬、羊以及青銅公雞、青銅尊上的羊等，同樣是緣於農業的興旺，才使得家禽飼養有了可能。三星堆豐富動物造型器物表明，古蜀王國所在地良好的自然生態及其畜牧業已相當發達。

青銅雞（線圖）

青銅鳥（線圖）

84 | 第一節　風調雨順—農業

金杖上的魚造

青銅尊上的羊造型

陶豬

陶狗

第三章　物華天府—三星堆的農業、商貿、製陶、製玉和冶煉 | 85

陶盉是三星堆遺址出土數量較多的一種陶器。器頂有一半圓形口，一側有一管狀短流。器身微束，一側有一寬鋬。有三個中空的袋狀足與器身相通，這既可以增加容量，又方便生火加溫。陶盉是一種溫酒器，三星堆遺址出土了大量的酒器，說明當時的農業生產已相當繁榮，已有大量的剩餘糧食用於釀酒。

文物資訊

<u>陶盉</u>

高 47.9，寬 19.6 公分

1986 年三星堆遺址出土

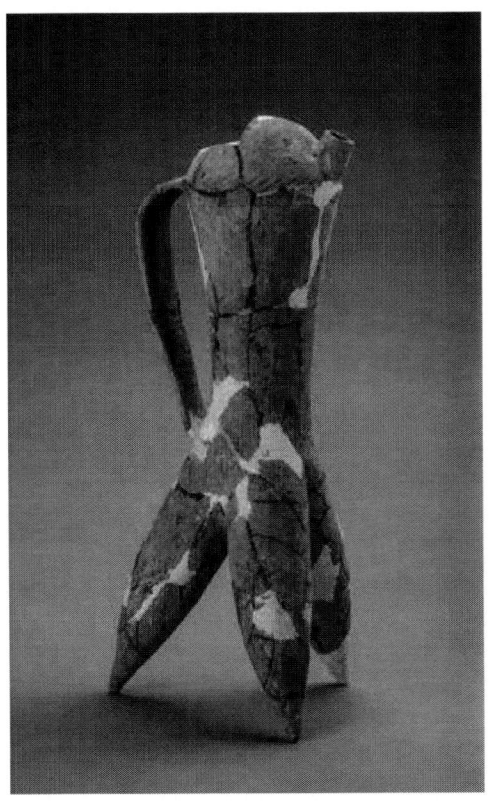

文物資訊

<u>陶盉</u>

高 33.9，寬 19 公分

1986 年三星堆遺址出土

三星堆早期的陶盉形制器身較修長，足較粗，較晚者體矮胖，足較細，且有實心足尖。這件器物形體較粗大，應屬較晚期的形制。陶盉是二里頭文化的典型器物，三星堆遺址出土大量的陶盉，可能受到了二里頭文化的影響。

延伸閱讀

中國古代陶器的種類

紅陶　紅陶在中國出現最早，紅陶燒成溫度在900℃左右，黃河流域距今8000千年的裴李崗文化和距今5000年的仰韶文化、大汶口文化時期，都以泥質紅陶和夾砂紅褚陶為主。

彩陶　彩陶是用紅、黑、白、黃、赭等色繪飾的陶器，是仰韶文化的一項卓越成就。彩陶的繪製，先在陶坯上描繪，然後進行燒製，燒成後彩紋固定在器面不易脫落，具成品有濃厚的生活氣息和獨特的藝術風格。彩陶紋飾以花卉和幾何形圖案為主，兼有動物紋，人物紋樣少見。動物形象的出現反映出當時漁獵在原始社會生活中的重要地位。

黑陶　出現於龍山文化時期。黑陶的燒成溫度達1,000度左右，黑陶有細泥、泥質和夾砂三種，其中以細泥薄壁黑陶製作水準最高，有「黑如漆、薄如紙」的美稱。這種黑陶的陶土經過淘洗、輪製，胎壁厚不過1毫米，經打磨後燒成漆黑黝亮、陶胎薄如蛋殼的陶器。

灰陶　出現於新石器時代早期斐李崗文化遺址，仰韶文化、龍山文化時期都有一定數量的灰陶，特別是用於蒸煮的器皿，多為夾砂灰陶。到二里頭文化早期，則以灰陶和夾砂陶佔據主要位置。

白陶　白陶指表裡和胎質都呈白色的一種陶器。它是用瓷土或高嶺土燒製而成，燒成溫度在1,000度左右。白陶基本為手製，後逐步採用泥條盤制和輪製。白陶器出現於龍山文化晚期，鼎盛於商代。商代後期白陶數量巨

大、製作精緻。迄於西周，因印紋硬陶器和原始瓷器的較多燒製與使用，白陶器即不再燒造。

硬陶 硬陶的胎質比一般泥質或夾砂陶器細膩堅硬，燒成溫度比一般陶器高，約在 1,150℃～1,200℃ 之間，其在器表又拍印以幾何形圖案為主的紋飾，統稱為「印紋硬陶」。印紋硬陶器始見於江南地區新石器時代晚期，在商代進一步發展，至西周而興盛。因印紋硬陶所用原料含鐵量較高，故胎色較深，多呈紫褐、紅褐、黃褐和灰褐色。印紋硬陶堅固耐用，絕大多數是貯盛器。商代印紋硬陶在黃河中下游地區和長江中下游地區都有發現。西周至戰國時期印紋硬陶主要盛行於長江中下游地區及南方的福建、臺灣、廣東、廣西等地。

鉛釉陶 表面施鉛釉的陶器。約出現於西漢中期，盛行於東漢。這種釉陶系在釉料中加入助熔劑鉛，故而得名。釉料中加入鉛，一方面可以降低釉的熔點，使燒成溫度控制在 800℃ 左右，使胎釉一次燒成，另一方面還可使釉面增加亮度，平正光滑，使鐵、銅著色劑呈現美麗的綠、黃、褐等色。其成品有單色釉，也有複色釉。釉層清澈明亮，光澤平滑照人。

漢代鉛釉陶技術的發明，既為唐三彩的出現開闢了道路，也為釉上彩的發展奠定了基礎，在中國陶瓷史上具有重要意義。

第二節　絲路悠悠──商貿

在文明社會初期，人們在從事商品交換時大都以海貝作為原始貨幣。三星堆祭祀坑所出土的數以千計的海貝或具貨幣性質，而罕見的銅貝亦有可能屬最早的金屬貨幣之一。蜀地漆器在先秦時期即已名揚遐邇，日後更是遠銷各地，三星堆距今 3000 多年前的漆器當是其濫觴。三星堆的各類青銅人物雕像服裝整齊，衣飾繁複，做工考究，可略見當時紡織服裝工藝之概貌。大

量的象牙，除有原產本地之可能性外，也有可能是三星堆古蜀國與周鄰或更遠地區的商貿物品。

位於成都平原的三星堆，是中國西南及長江上游地區古代文明的中心。三星堆遺址的重大考古發現，使人們見證了古蜀王國燦爛的青銅文化及所體現出的高度發達的古代文明。由三星堆青銅文化所深刻揭示出來的古蜀的獨特文化模式、文明類型和悠久始源，使其在中國文明起源與形成的研究中佔有特殊地位，是中國古代區系文化中具有顯著地域政治特徵和鮮明文化特色的典型代表。

文化的發生和文明的進步端賴交流。自古以來，不同文明或文化通過器用、制度、習俗、觀念、行為等多層面、多形式的交流互動，使彼此的文化生命在吐故納新中孕育滋長，亦使人類文明之花益顯豐滿多姿，而道路的開發與修築則在其間發揮著舉足輕重的作用，至今仍是文化開放、社會發展的表徵。古代中國的四大「絲綢之路」——南方絲綢之路、北方絲綢之路、草原絲綢之路和海上絲綢之路，即是將中華文明與世界文明緊密聯繫起來的國際交通線，其中，開通最早、線路最長、途經國家最多的是南方絲綢之路。而成都平原，正是南方絲綢之路的發源地，悠悠絲路自茲發端，鑿空萬里，通向世界。

成都平原是古蜀文化的中心地區，高度發展的三星堆文明是西南地區的「文明高地」，南方絲綢之路的形成與它有著密切關係。南方絲綢之路從這裡出發，經雲南，入緬甸，抵印度，直通中亞和西亞。又有幾條支線抵達南海與中南半島，織成了古代中國與南亞、中亞、西亞以及東南亞的巨大交通網絡。三星堆文明的歷時性輻射，不同程度地影響了西南地區青銅文明的產生與發展，並對西南地區民族文化的凝聚及其整合融入中華文化圈的歷史進程起了重大推動作用，同時還對東南亞地區一些文化因素的形成產生了久遠的影響。

古代西南地區與緬甸、印度等異域殊方的商貿物資經由此道以相通有無，絲綢、布帛、金銀、瓷器及農副產品等，通過這條絲綢之路源源不斷地輸往緬印及東南亞、中東地區，緬印及東南亞等異域的山貨藥材、珠寶玉石等經由此路輸入我國。巴蜀文化、滇文化、古印度文化、古西亞文化等多種文化區的重要古代文化也通過南方絲綢之路而互通款曲，譜寫了中西古代交通史與文化史上的燦爛篇章。

延伸閱讀

絲綢之路

絲綢之路這一名稱，為德國地理學家李希霍芬1877年所提出，意指古代中國以絲綢為主要貿易內容的東西方國際交通線。古代中國通往西方和海外的絲綢之路有四條——南方絲綢之路、北方絲綢之路、草原絲綢之路和海上絲綢之路，這幾條交通線將中國文明與世界文明緊密聯繫起來。

南方絲綢之路古稱「蜀身毒道」。以成都為起點，經雲南，入緬甸，抵印度，直通中亞和西亞。其支線「牂柯道」，通過紅水河、黔江、西江水路，經貴州、廣西抵達廣州而至南海。另有一條支線通過禮社江、元江、紅河水路，出雲南抵達越南而至中南半島。

一、海貝

三星堆兩個祭祀坑出土了大量的海貝，近5,000枚。海貝形體較小，經鑒定，種類大致有齒貝、環紋貝、虎斑貝、擬棗貝等。與世界上許多國家一樣，海貝是中國文明社會初期從事商品交換的原始貨幣，是財富的象徵。以貝隨葬的情況在商代的許多墓葬中均有發現。從海貝的品種來看，三星堆遺址出土的貝大體上包含了商代中原各地以及春秋至西漢時期雲南各地的用貝品種。古蜀地處內陸，大量海貝的出土，可見當時古蜀國與周邊地

區商貿往來的頻繁。三星堆海貝出土時，大多裝在銅尊、銅罍等青銅禮器中，應是獻祭給神靈的祭品。除海貝外，三星堆二號祭祀坑還出土了四枚模擬齒貝形態製作的青銅貝，有人認為，這是中國最早的金屬貨幣，但因出土數量很少，僅有三星堆遺址和一些晚期商墓中有零星出土，目前還很難作出定論。

文物資訊

海貝

三星堆一、二號祭祀坑出土，長1.5公分左右

　　三星堆一、二號祭祀坑出土的這些海貝大致分為黑、白兩色，略呈卵圓形，背部上方略高，大部分背部被磨平，形成穿孔，可能是為了穿掛串繫之用。

延伸閱讀

　　三星堆出土的海貝中，有一種環紋貨貝（Monetriaannulus），日本學者稱為「子安貝」，大小約為虎斑貝的三分之一左右，中間有齒形溝槽，與雲南省歷年來發現的環紋貨貝相同。這種環紋貨貝，只產於印度洋深海水域，既不產於近海地區，更不產於江河湖泊。有學者認為，地處內陸盆地的三星堆出現如此之多的齒貝，顯然是從印度洋北部地方引入的。

　　從考古發現來看，中國西南地區出土來源於印度地區的白色海貝，並非只有四川廣漢三星堆一處，其他地方如雲南大理地區劍川鰲鳳山的3座約當春秋中期至戰國初期墓葬中出土海貝共47枚，雲南呈貢天子廟戰國中期的41號墓出土海貝1,500枚，雲南晉寧石寨山古墓群有17座墓出土海貝，總數達149,000枚。此外，雲南大理、楚雄、祿豐、昆明、曲靖珠街八塔臺也

第三章 物華天府—三星堆的農業、商貿、製陶、製玉和冶煉 | 91

出土海貝。四川地區如岷江上游茂縣石棺葬、四川涼山州西昌的火葬墓中也出土海貝。將這些出土海貝的地點連接起來的，正是中國西南與印度地區的古代交通線路——南方絲綢之路。

三星堆青銅貝

延伸閱讀

南方絲綢之路路線

南方絲綢之路國內段的起點為蜀文化的中心——成都，從成都向南便分為東西兩條主道。西道沿著川西北和川西南山地蜿蜒南下，這條道被稱為零關道（東漢時又稱犛牛道）。東道從成都南行，進抵大理。東西兩道在大理匯合後，繼續西行，稱為博南道，經保山、騰沖，出德宏抵緬甸八莫，或從保山出瑞麗而抵八莫。南方絲綢之路還有更東的一條南下路線「牂牁道」，從成都經今貴州西北至黔中，通過紅水河、黔江、西江水路，經貴州、廣西抵達廣州而至南海。

南方絲綢之路是中國古代的國際通道，它的國外段有西路、中路和東路三條。西路即歷史上有名的「蜀身毒道」，後又稱「滇緬道」，出雲南後經緬甸八莫，至印度、巴基斯坦以至中亞、西亞。這條縱貫亞洲的交通線，是古代歐亞大陸線路最漫長、歷史最悠久的國際交通大動脈之一。中路是一條水

陸相間的交通線，水陸分程的起點為雲南步頭，先由陸路從蜀滇之間的五尺道至昆明、晉寧，再從晉寧至通海，利用紅河下航越南，這條線路是溝通雲南與中南半島的最古老的一條水路。東路，從蜀入滇，至昆明，經彌勒，渡南盤江，經文山，出雲南東南隅，經河江、宣光，循盤龍江而抵河內。

三星堆地理位置及南方丝绸之路走向示意图
Map of the Geographical Position of Sanxingdui and the Trend of the Southern Silk Road

二、象牙

1986 年,三星堆發現的兩個大型祭祀坑共出土了近 80 枚象牙,其中一號坑 13 枚,二號坑 60 枚。此外,二號坑還出土了象牙珠和雕刻有文飾的象牙器殘片,經鑒定為亞洲象的門齒。1997 年,在三星堆遺址西城牆外的仁勝村土坑群也發現了一枚象牙。2013 年,三星堆遺址西北部的青關山建築基址內又發現了象牙。

三星堆祭祀坑象牙出土照

雖然先秦時期其他古代文化遺址中也有象牙製品出土，如新石器時代的河姆渡文化遺址中出土有雙鳥朝陽象牙雕刻，商代安陽殷墟出土的鑲嵌綠松石的象牙杯等，但數量都很零星，像三星堆這樣如此之多的象牙集中出土，在中國乃至世界考古史上都堪稱奇觀。2001年，在距三星堆遺址40多公里的金沙遺址更是發現了數以噸計的象牙，這麼多的象牙給我們留下了許多疑問，這些象牙為什麼會集中埋藏？它們到底有什麼用途？又來自何方？

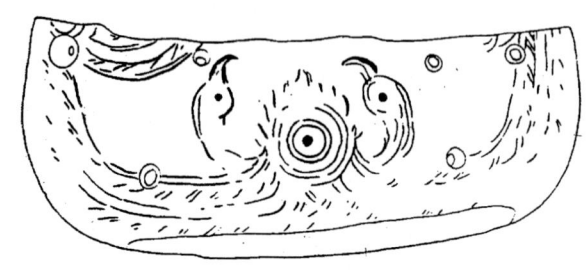

河姆渡文化遺址中出土有雙鳥朝陽象牙雕刻

三星堆兩坑象牙出土時，覆蓋在玉器和青銅器之上，處於最上層，象牙在坑中縱橫交錯地迭壓在一起，並有明顯的燒焦痕跡。如此多的象牙一次性集中掩埋，在國內是十分罕見的。象牙是統治階級財富的象徵，關於三星堆兩個祭祀坑中象牙堆積的功用，有學者認為，象牙有巫術作用，是作為厭勝的靈物而埋入土中的；也有學者認為，象牙是奉獻給神靈的祭品。至於象牙的來源，有學者認為源於商品交易，是蜀地與其他地區商貿往來的產物。有學者認為，商代三星堆遺址的象群遺骨遺骸以及三星堆和金沙的象牙，既不是成都平原自身的產物，也不來自於與古蜀國有關的中國其他古文化區，這些象群和象牙是從象的原產地印度地區引進而來的，其間的交流媒介，正是與象牙一同埋藏在祭祀坑中的大量貝幣。而從文獻記載和考古材料兩方面看，都已證實在春秋戰國以前，長江流域的生態和氣候條件都適宜象的生存，並有大象活動的遺跡，所以三星堆的象牙也有可能出自本地。

象牙不僅用於祭祀，還用於製作工藝品。祭祀坑出土了象牙串珠和幾件刻有紋飾的象牙飾件，製作精美，極富生活氣息。

第三章　物華天府 —三星堆的農業、商貿、製陶、製玉和冶煉 | 95

　　三星堆青銅製品中最具權威、高大無雙的二號坑青銅大立人 —— 古蜀神權政體的最高統治者蜀王的形象，其立足的青銅祭壇（基座）的中層，也是用四個大象頭形象勾連而成的。

三星堆青銅大立人基座照

文物資訊

象牙

長 112 公分，基部直徑 13.8 公分

三星堆二號祭祀坑出土

象牙表面無加工痕跡。由於在掩埋前曾被焚燒，再加之埋藏時間久遠，象牙的齒質都已遭到破壞，出土後失水較快，多數已酥鬆碎裂，經採取化學固形修復保護，一部分象牙得已保存下來，但原有的色澤已不復存在。

象牙珠

直徑 0.4~1.2 公分，長 1.1~3.1 公分公分

三星堆二號祭祀坑出土

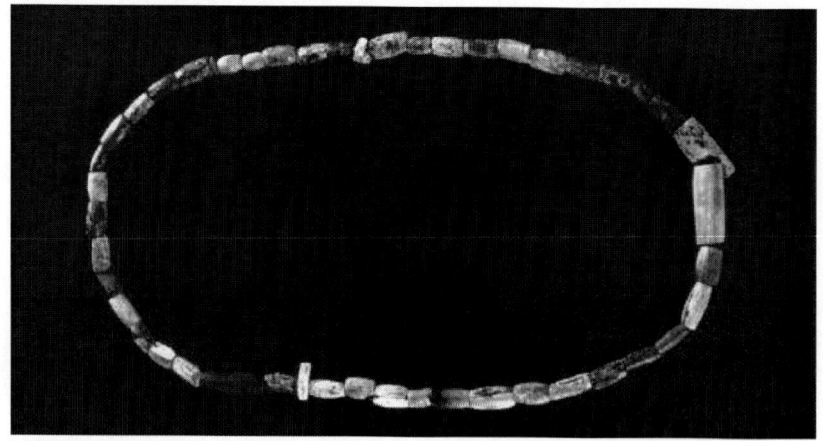

祭祀坑出土的象牙珠有長鼓形和算珠形兩種，此為長鼓形珠，大小不

等，兩端小，中間大，中有一穿，兩面繪黑色雙重圓圈紋。象牙是財富的象徵，用象牙製作的裝飾品也應屬上層貴族所有。象牙珠出土時，大多盛放在尊、罍等青銅禮器中，應是奉獻給神靈的祭品。

三、虎牙

三星堆二號祭祀坑出土虎牙 3 枚，長 9.3~11.3 公分，寬 2.3~3.1 公分。由於長時間與青銅器埋藏在一起，虎牙為銅銹浸蝕而呈碧綠色。每個虎牙的根部都有一穿孔，可能用來繫掛穿戴作裝飾之用的。蜀人有尚虎的習俗，虎以其威武兇猛的形象令人敬畏，用虎牙製作的工藝品不僅僅具有裝飾的功能，可能還是權力和力量的象徵，具有辟邪的作用。

虎牙

四、服飾

　　服飾，是人類文明的標誌之一，又是人類生活的要素。它除了滿足人們物質生活需要外，還代表著一定時期的文化和審美趣味。從三星堆青銅造像群看，古代蜀人的服飾文化在形式和內涵上都顯得極為豐富多彩，不僅有形式多樣的冠帽、頭飾、腰帶等，而且有華麗的衣裳和多種材料樣式的服裝。

　　就衣裳樣式來說，主要有三層窄袖半臂式右衽上衣、對襟衣、長衣、短衣、甲衣、斜襟衣及緊身包裙等。其中，對襟衣是三星堆青銅人像中穿著較多的一種衣服樣式，無衣領，兩襟相交於頸部成 V 字形，有的對襟衣有簡單紋飾；短衣樣式為交領右衽窄長袖短衣，衣無紋飾。二者相配裝束是腰間繫帶。特別值得大書特書的是大立人像所著的三層窄袖半臂式右衽上衣，其上衣分三層，裡面是一件袖口細窄的長袖上衣，外套兩層短袖上衣。滿飾以龍紋為主的多紋飾的最外一件斜領向左交掩，長度達到腹部以下，外衣左右兩側各垂下一刀形突出的衣裾。其身披法帶，穿龍紋左衽「龍袍」，長襟燕尾，可謂極盡華麗高貴之能事。這些不同形制、花紋的衣物，不僅展示了蜀人豐富多樣的服裝樣式，而且體現了不同身份的人在服飾上的差異。

三星堆服飾集錄

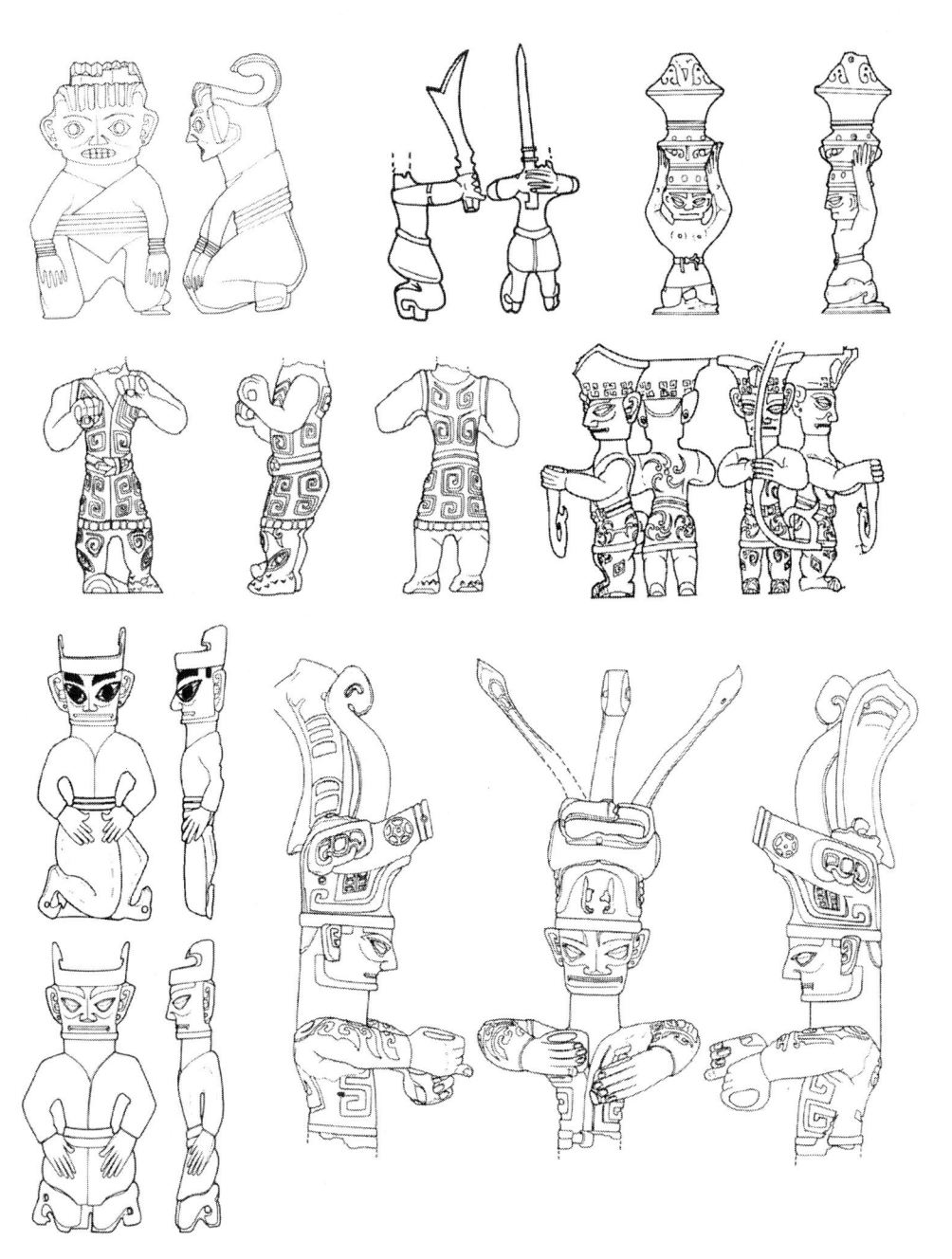

第三章　物華天府—三星堆的農業、商貿、製陶、製玉和冶煉

三星堆服飾集錄

第二節　絲路悠悠—商貿

　　蜀與絲綢淵源很深。「蜀」在《說文解字》中是蠶的意思，傳說古蜀國的第一代蜀王蠶叢就是因為教民種桑養蠶而被視為蠶桑養殖業的鼻祖。

　　雖然三星堆遺址沒有發現像良渚文化遺址那類的絲綢實物，但三星堆青銅造像群多姿多彩的服飾充分表明，在此之前古蜀地區青銅大立人像服飾線圖當有一個長期的發展過程。《華陽國志》引《禹貢》說蜀地有錦、繡、麻、紵之饒，即是側證。而三星堆遺址大量陶紡輪的出土更充分表明當時古蜀國的紡織業已經較發達，青銅大立人像衣物上所飾龍紋、蠶紋等，以及青銅鳥爪人像包裙上的幾何形雲雷紋等，應是象徵著紡織物的織繡紋樣。

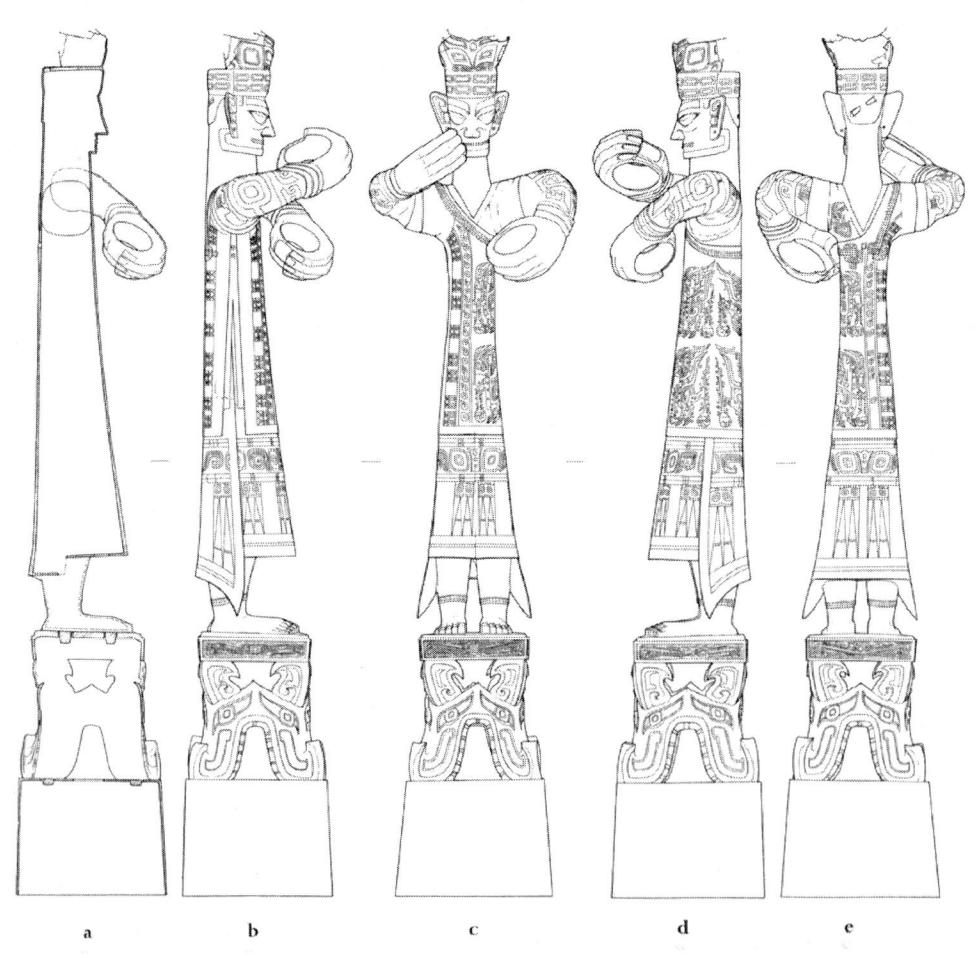

a　　　　b　　　　c　　　　d　　　　e

青銅大立人像服飾線圖

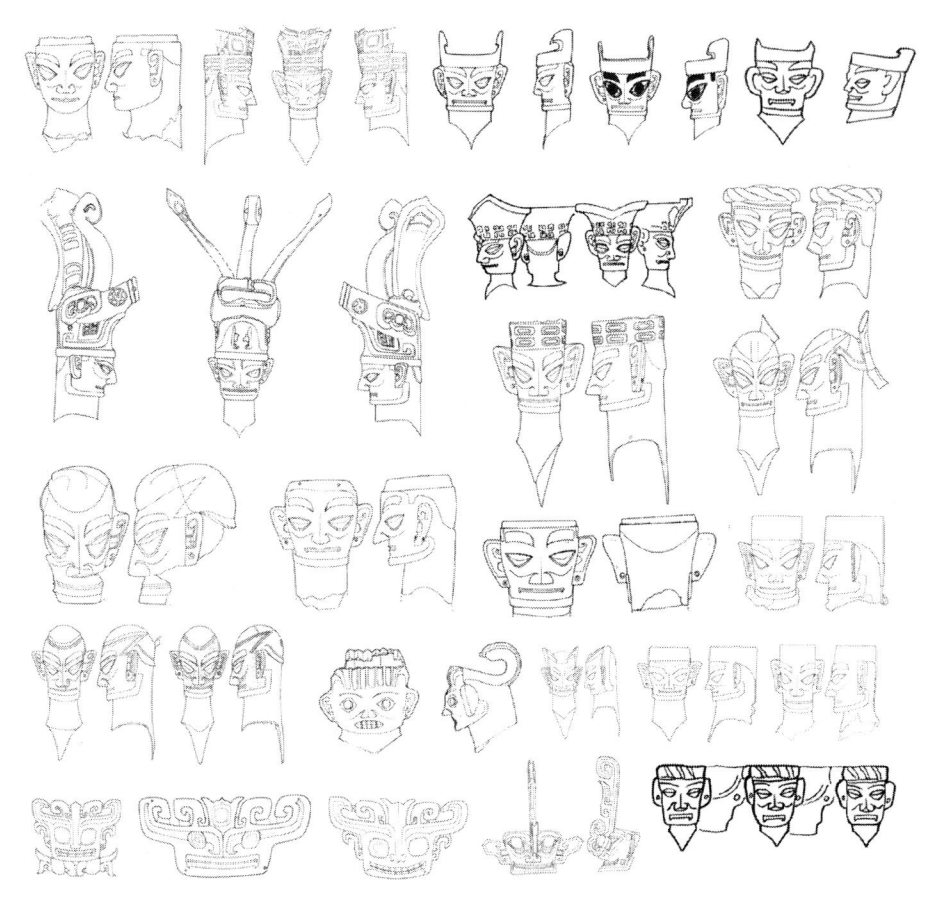

第三章　物華天府—三星堆的農業、商貿、製陶、製玉和冶煉 | 101

三星堆冠飾線圖

　　各類青銅人像的頭冠樣式也各具特色，如太陽冠、象首冠、回文冠等，風格樣式或簡約，或繁複，均顯出精美考究的韻致。即便沒有冠飾的也把頭髮盤成髮辮，有的在腦後還插有用於束髮的髮簪，既實用又有裝飾效果。

　　不僅如此，精美玲瓏的玉石掛飾、串珠之類的物品，則無疑是當時人們身上的裝飾品。

　　古代蜀人的服飾文化特色鮮明，自成體系，說明三星堆時期古蜀王國不僅擁有發達的蠶桑紡織業，並且已經大致形成了一套服飾制度。豐富多彩的三星堆服飾文化與當時古蜀王國的經濟發展、社會生活狀況緊密相聯，形象

地展示了古蜀青銅文明的繁榮和輝煌。

五、漆器

雕花漆器出土照及線圖

漆器的歷史源遠流長，它是中國古代在化學工藝及工藝美術方面的重要

發明。我們把用漆塗在各種器物的表面上所製成的日常器具及工藝品、美術品等，一般稱為漆器。漆器的製作首先是割取生漆。生漆是從漆樹割取的天然汁液，主要由漆酚、漆酶、樹膠質及水分構成，以之作塗料，有耐潮、耐高溫、耐腐蝕等特殊功能，又可以配製出不同色漆，形成光彩照人的效果。

成都平原自古以來就是漆器的主要產地之一，其地盛產製作漆器的主要原料——生漆和朱砂。三星堆雕花漆木器的出土，表明早在 3000 多年前的古蜀時期，其漆器工藝就已達到很高水準。三星堆雕花漆器外面塗土漆，木胎上鏤孔，器表雕花紋。據發掘者描述，該漆器出土時，當撥開它上面的覆土，漆色依然非常鮮亮，圖案精美，可惜的是這件漆器已經徹底腐朽，無法再修復。

此外，三星堆戴金面罩青銅人頭像上面的金面罩內側有一層「極薄的呈棗紅色的硬殼」，專家認為正是土漆黏接時所留痕跡，可見三星堆時期的古蜀人已熟練掌握了割漆、生漆加工、制胎、上漆等工藝。

第三節 陶然昇華 —— 三星堆陶器

陶器在遺跡和地層單位的年代測定和考古學文化的斷代分期等方面，具有十分重要的意義。陶器的創制與農業經濟的發展和定居生活的需要有密切關係，因其取材容易，可塑性強，製作簡便，故陶器產生後即擴展到生產生活諸領域。蜀地陶器的典型器物是小平底罐（包括各類尖底器）、高柄豆、鳥頭形把勺、器蓋等，並因之形成蜀陶的基本組合定式。

陶瓿

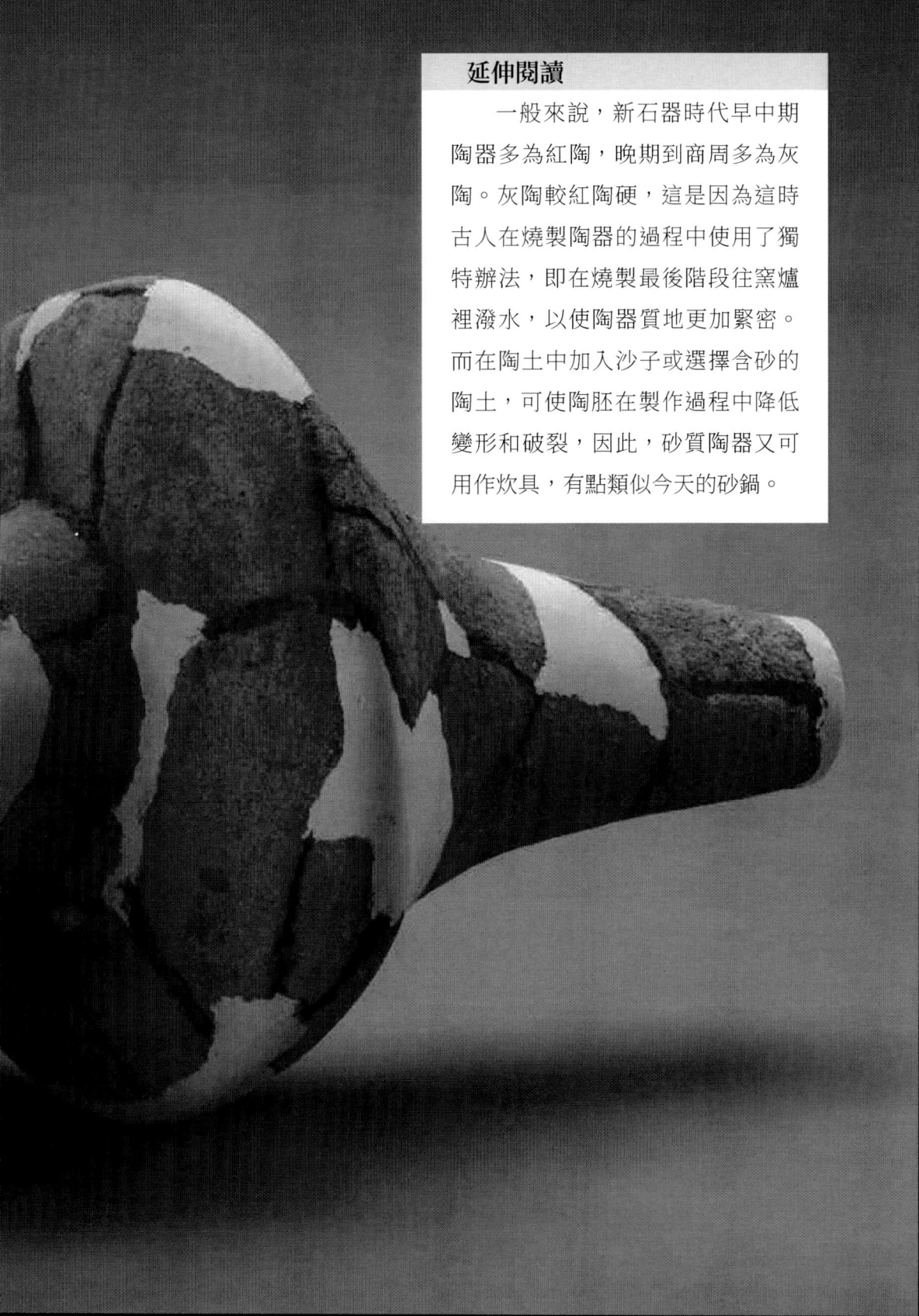

延伸閱讀

　　一般來說，新石器時代早中期陶器多為紅陶，晚期到商周多為灰陶。灰陶較紅陶硬，這是因為這時古人在燒製陶器的過程中使用了獨特辦法，即在燒製最後階段往窯爐裡潑水，以使陶器質地更加緊密。而在陶土中加入沙子或選擇含砂的陶土，可使陶胚在製作過程中降低變形和破裂，因此，砂質陶器又可用作炊具，有點類似今天的砂鍋。

第三節　陶然昇華──三星堆陶器

　　三星堆古蜀國製陶業高度發達，遺址出土的陶器數量巨大，品種繁多，禮儀用器佔有相當比例，尤以各類酒器和蓋紐的造型頗具特色。此外，還出土了數以千計的鳥頭形把勺，其鳥頭形象頗似魚鳧（魚鷹），當是具象徵意義、與祭祀活動有關的器物。

　　以下簡要介紹一下頗有代表性的尖底器、陶單耳杯和雙耳杯、陶高柄豆、三足炊器以及陶盉。尖底器是蜀陶中較為典型的器物。尖底的器物無法平放，那麼古蜀先民是如何使用的呢？遺址內出土的大量陶質器座為我們解釋了這些尖底器的使用方法，尖底器是與器座成套配合使用的。這種用法讓人聯想起今天仍流行於四川的「蓋碗茶」，倒真是異曲同工、一脈相承，確是一種巧妙的設計。

　　三星堆遺址出土了大量的青銅器，但目前還未發現用於澆鑄時熔化銅水的坩堝。有幾件暫時定名陶瓿的器物，高約 20 公分，其器壁厚約二三公分，明顯厚於一般陶器的器壁，估計可能就是坩堝。而其器體類尚存的泥芯（即內模），可以作為澆鑄模制的證明之一。

尖底器

陶小平底罐

第三章　物華天府──三星堆的農業、商貿、製陶、製玉和冶煉

　　三星堆遺址出土了數量巨大的陶小平底罐，是當之無愧的蜀陶典型器物。其罐底平而小，罐口略內收，整器呈上大下小狀。這種器物上大下小而不失沉穩，罐體圓轉美觀而耐用，在當時十分流行。

　　陶盉是中原龍山文化時代的流行器物，為二里頭文化所承襲並成為二里頭文化的典型器。三星堆遺址出土大量陶盉，應與二里頭文化的影響有關，但古蜀先民在接受外來文化因素時，又融入了地域審美和文化性格，使三星堆陶盉在形制特徵上自具特色。

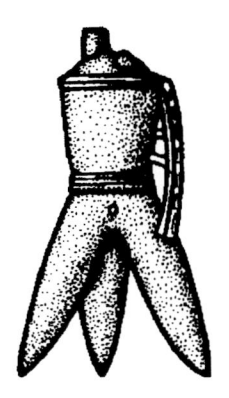

二里頭文化陶盉

延伸閱讀

二里頭文化

　　二里頭文化是指以河南省洛陽市偃師二里頭遺址為代表的一類考古學文化遺存，主要集中分佈於晉南、豫西。二里頭遺址是一處夏代晚期的都城遺址，總面積約 3 平方公里，遺址內發現有宮殿、居民區、製陶作坊、鑄銅作坊、窖穴、墓葬等，出土有大量石器、陶器、玉器、銅器、骨角器及蚌器等遺物，其中的青銅爵是目前所知中國最早的青銅容器。二里頭遺址和二里頭文化成為公認的探索夏文化的關鍵性研究物件。

延伸閱讀

龍山文化

　　龍山文化泛指中國黃河中、下游地區約新石器時代晚期的一類文化遺存。因首次發現於山東曆城龍山鎮（今屬章丘）而得名。1928 年，考古學家吳金鼎在山東曆城龍山鎮發現了城子崖遺址。此後，考古學家們先後對城

子崖遺址進行多次發掘，取得了一批以精美的磨光黑陶為顯著特徵的文化遺存。根據這些發現，考古學家把這些以黑陶為主要特徵的文化遺存命名為「龍山文化」。

鳥頭勺把是三星堆最為著名和最具特色的陶器製品。鳥頭勺把即為陶勺的柄部裝飾，數量大，造型多樣，按類別大致可分猛禽、鳴禽和涉禽三類。諸類鳥頭勺把的造型洗練，紋飾簡潔，寥寥幾筆就將禽鳥刻畫得栩栩如生，堪稱三星堆陶器中藝術精品。

如上面所介紹，以高柄豆、小平底罐、鳥頭柄勺等為代表的一組標型器物組合，構成三星堆文化時期陶器群的基本特色，這既是三星堆文化區別於其他文化的重要標誌，也是此期製陶技術成熟、製陶業發達的重要表徵。

一、祭祀與生活用品

三星堆陶器數量眾多，器形多樣，用途廣泛。既有體量較大的，如建築構件板瓦，貯器如甕、缸，炊器如三足器等，也有小巧別致的食器，如盤、盞，飲器如杯等。古蜀人在製作這些祭祀與生活用品時，不僅注重其實用功能，同時把自己的審美追求融入其中，從而使三星堆陶器在總體風貌上體現出構思巧妙、造型優美之特點，成為實用性與藝術性兼具的陶藝佳品。正是這些看似普通的用品，讓人們看到了一幅幾千年前古蜀先民日常生活的生動畫卷。

陶器因取材容易、可塑性強、製作工藝簡便，且燒製成型後，耐酸鹼腐蝕、經久耐用，具有一般金屬器所不能替代的諸多優點。在三星堆遺址曾發掘出一種被稱作「露天馬蹄窯」的早期陶窯遺址，數以億計的陶器殘片的出土，足可說明當時陶器的種類已頗為豐富。通過多年的考古發掘證明，諸如炊器、酒器、飲用器、食用器等生活用器以及少量的禮器和生產工具，在三星堆古蜀國曾被大量而普遍地使用。古樸的蜀陶，向我們展示了古蜀先民日

常生活中一幕生動的生活畫卷。

總體看來，三星堆的陶器具有以下特點：

1. 優質的製陶原料

從三星堆出土的陶器來看，古代工匠選擇的陶土是優質的易融性黏土，較之一般性的泥土更具可塑性，而且有意地加入了砂粒、石灰粒、稻草末等，其目的是使陶胚不易變形，陶器的質地更加緊密，而且提高成品的耐熱急變性能，避免在火上加熱時發生破裂。

2. 精良的製作

從大體上看，三星堆的陶器主要運用了手製和輪製的方法。手製成形主要包括三種方法：

捏塑法。即直接捏塑出需要的造型，一般小型陶器多用此法。用這種方法製作的陶器相對說來器形不太規整，而且器壁上常留有指紋。

模制法。有些特殊的器形往往局部採用模制的方法。如陶盉的袋狀足應該就採用了袋形足的內模。

泥條盤築法。這種方法是先將泥料搓成泥條，然後圈起來，一層一層地疊上去，並將裡外抹平，制成器形。這是三星堆陶器手製的主要方法。

輪製法是一種更進步的製陶工藝。陶輪亦稱陶車，是一個固定在矗立的短軸上的圓盤。加工陶坯時，把合好的泥料放在轉動的輪盤上，利用其快速旋轉的力量，用手掏料，用提拉的方式製成陶坯。輪製法制作的陶器的典型特點是：器形規整，厚薄均勻，陶壁表裡普遍有平行密集的輪紋。輪製陶器可以說是製陶技術的一個飛躍，不僅增加了陶器的生產數量，而且提高了品質。三星堆時期以慢輪製坯成形為主，器型規整，圓弧適度。少數器物如薄胎尖底罐等已使用快輪製法。

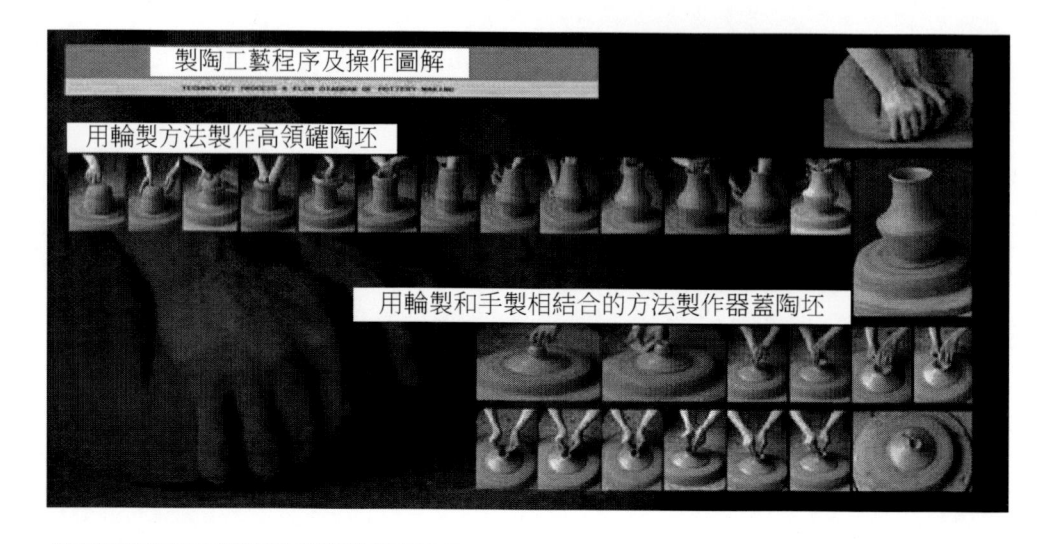

110 | 第三節　陶然昇華—三星堆陶器

文物資訊

筒瓦

長39，寬20，高9公分

三星堆遺址月亮灣臺地出土

板瓦

長31.6，寬21，高5.5公分

三星堆遺址月亮灣臺地出土

第三章　物華天府——三星堆的農業、商貿、製陶、製玉和冶煉 | 111

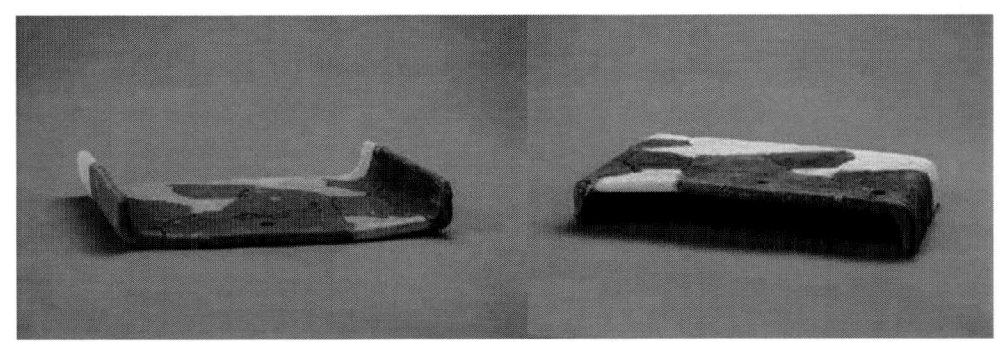

　　三星堆遺址月亮灣臺地出土的這批形制碩大、做工考究的陶質建築構件，距今已有約 3700 年的歷史。不僅在中國建築史上具有重要意義，也在一定程度上印證了學界關於遺址北部月亮灣臺地一帶或有宮殿建築及可能是古蜀國宮殿區的推測。

文物資訊

陶高領罐

　　口徑 13.5 公分，底徑 5.3 公分，高 33.2 公分

巧妙實用生活用具 —— 陶高柄豆

　　陶高柄豆是整個遺址出土陶器之冠，數以千計。這種器物的用途是什麼呢？高柄豆上面是盤狀體，用於盛物，下部是喇叭形圈足，連接二者的是豆把。為減輕重量、節約材料而利於製作，豆把均製成中空。有的豆柄殘長達 70 餘公分，加上頂部的盤和底部的座，估計原來有接近一公尺的高度。席地而坐的古蜀人，可將盛滿食物的高柄豆提來拎去，隨意放置，取用食物、使用起來都很得心應手，在當時是一種基於實用而設計的巧妙的生活用具。

造型美觀的盛貯器 —— 高領罐

　　三星堆遺址出土了眾多的高領罐，

文物資訊

陶高柄豆

盤徑 18 公分,圈足徑 16.8 公分,柄徑 2.9 公分,高 46.1 公分

第三章　物華天府──三星堆的農業、商貿、製陶、製玉和冶煉 | 113

最高的超過 50 公分，口徑約 20 公分，敞口，高頸，頸部微束，其形就像古代安靜端莊的仕女。高領罐可用於儲酒、裝水及盛物，而且容量很大，與高柄豆一樣，是一種外觀精巧美觀的實用生活用具。

古蜀人的「火鍋」── 陶三足炊器

陶三足炊器因有呈鼎立之勢的三個袋狀足而得名，三足成鼎立之勢並與口部相通，足下可生火加熱。袋狀足中空，與口部相通，容水量很大，其寬大的盤面類似今天四川地區泡菜壇的壇沿，可盛水或置物。其獨特的造型及碩大的形體極為罕見，一般認為這是古蜀人蒸煮食物的炊器，也有人開玩笑地說這是四川火鍋的老祖先。我們將器物的造型、功能和它應用的年代聯繫在一起，便不難想像出當時古蜀先民做飯、生活的場景。

文物資訊

陶三足炊器

口徑 19.4 公分，外沿徑 38.5 公分，足寬 31 公分，高 43.5 公分
三星堆遺址一號祭祀坑出土

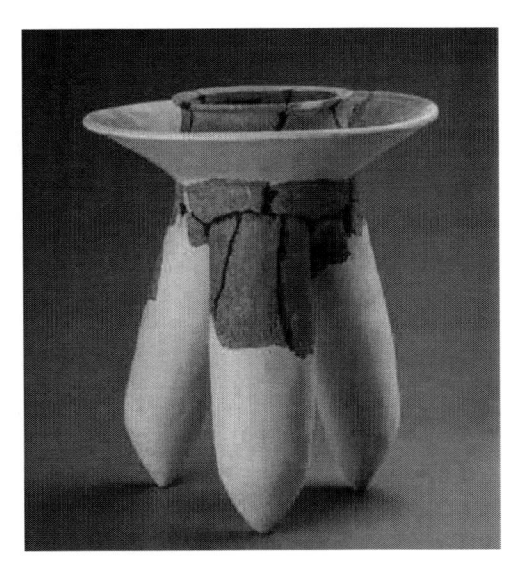

第三節　陶然昇華──三星堆陶器

別具匠心的杯口設計 ── 雙耳杯

雙耳杯的製作非常考究精巧。雙耳杯的口沿部分有兩個缺口，仔細觀察，缺口並非後期損壞造成，而是當初特意製作的「樣式」。那麼，這兩個規則的缺口有何用途呢？專家們猜測可能是為了方便倒水或者是倒酒，但倒水等一般只需要一個缺口，因此還有種說法認為，這兩個缺口是用於放置筷子的。不論如何，這個別出心裁的設計使得雙耳杯頗富趣味，表現出古蜀陶工細緻、獨具創造力的一面。

文物資訊

陶雙耳杯

最寬18.2公分，口徑13.4公分，足徑4.6公分，高10公分

三星堆遺址出土

二、人物與動植物造型

三星堆陶塑小品題材廣泛，形式豐富，可大致分為人物造型與動植物造型兩類。如捏塑的虎、羊、豬、狗、鳥等動物造型稚拙乖巧，天真可愛，頗堪把玩，而一些實用物品如器蓋上的蓮蓬、雞冠花等植物造型則栩栩如生，甚具寫生趣味。這些陶塑小品造型洗練，風格樸拙，以形寫神，生動逼真，說明古蜀先民對獵獲物和飼養家畜有十分細緻的觀察，並能將其提升到藝術創造領域，充分表達了先民們豐富多彩的生活情趣與傳神寫照的表現能力。

作為舀水、舀酒或舀湯的陶勺，在各地域古代文化中屢見不鮮，而唯有古蜀文化的陶勺的勺把製作成造型各異的鳥頭形。若將造型各異的眾多鳥頭

第三章　物華天府——三星堆的農業、商貿、製陶、製玉和冶煉 ｜ 115

勺把彙集而觀，則有群鳥齊翔，自在遨遊天宇之感，具有十分吉祥的韻味。它們那彎彎勾起的喙部，極似魚鳧，即現所稱的魚鷹，極有可能是古蜀史載的以魚鳧為族名、族徽的魚鳧王朝的象徵。尤值一提的是，此期的鳥頭形把勺數以千計，加之鳥頭形象與魚鳧（魚鷹）有密切關聯，故其可能不僅僅是生活用品，而是具象徵意義、與祭祀活動有關的一種器物。其作為當時陶製品社會功能擴展的顯例，也是三星堆文化時期文明進步的側證。這種器物作為古蜀文化的典型器物，是一種具有象徵意義的標誌物，就全國範圍來看，也可以說是獨一無二的。

文物資訊

陶鳥頭勺把

三星堆遺址出土

延伸閱讀

古蜀陶器

古蜀人用的陶器與中原陶器相比，體現出明顯的古蜀地方特色。中原地區陶器的基本組合是鼎、鬲、甗等，而蜀地陶器的基本組合是高柄豆、小平底罐（包括尖底器）和和鳥頭勺把等。專業人員正是依據這些陶器及其組合定式來確定與之相應的文化內涵及承傳關係。自商前後迄於東周時期，四川地區幾乎未出土過中原常見的「鼎」，即使偶有所見，也多屬自外地輾轉傳入；而蜀地的鳥頭勺把、高柄豆、小平底罐、尖底器等在其他地方也頗為罕

第三節　陶然昇華──三星堆陶器

見。但不同文化體系之間又存在相互的影響和滲透，最明顯的表現是異地也會出現相同的器物，如三星堆銅器的許多器型就帶有較為明顯的中原文化色彩，而蜀地的器型在周鄰地區也時有發現。這種情形印證了中國古代各區域文化既各具特色，又相互聯繫和影響。

三星堆陶器和各地出土的陶器一樣，分為輪製和手製兩種。在三星堆博物館展示了部分各型器物的蓋紐，它們大多是輪製和手製結合而成的，即蓋的部分用輪製，紐的部分用手捏塑。其造型各異，多取材於生活，並加入了製作者豐富的想像力和高超的工藝水準，見證了古蜀先民的創造力和智慧。蓮蓬狀蓋紐，與實物相比顯得惟妙惟肖，頗富生命力。圓錐形蓋紐，則與後世阿拉伯地區清真寺的屋頂相似。雞冠形蓋紐，造型美觀大方，模仿逼真，極具欣賞價值。

文物資訊

陶豬

三星堆遺址出土

陶豬造型手段刪繁就簡，斂縮頭部與足而誇張其體態，使之通體渾鼓，顯得非常大氣。笨拙的豬被塑造成聰明的寵物，憨態可掬、十分可愛。

文物資訊

陶雙面貓頭鷹

三星堆遺址出土

陶雙面貓頭鷹頭，合身連體，前後觀之均為貓頭鷹頭，令人難分正反。似乎表現的是夜晚貓頭鷹的警敏與周視四方的情態，製作者的非凡創意在此體現得淋漓致盡。

圓錐形蓋紐

蓮蓬狀蓋紐

雞冠形蓋紐

文物資訊

陶虎

三星堆遺址出土

陶塑老虎抓住虎的典型性特徵，取其神與勢，大膽省略誇張，造型簡練生動，既不失老虎的神氣，又因其體量的小而顯得乖巧可愛。這種高妙的造型技巧，顯然來自於體察入微的實際觀察。

三星堆遺址出土的陶蟾蜍、紅陶鳥、鳳鳥頭等，雖然都是小巧玲瓏的作品，卻遺貌取神，抓住表現物件的典型性特徵而作強化、誇張，刪繁就簡，氣韻獨具，均堪稱佳作，讓人不得不嘆服古蜀匠師靈動的匠心和手上功夫。

第三章 物華天府—三星堆的農業、商貿、製陶、製玉和冶煉 | 119

陶蟾蜍

紅陶鳥

陶虎面殘片

陶羊

陶狗

鳳鳥頭照

第四節　鏤石攻玉 —— 三星堆玉石器加工

　　三星堆的玉石器群與青銅器群交相輝映，共同構成了三星堆文明及其文化藝術的最高成就。遺址包括兩坑出土的玉石器數量眾多，尤以璋、戈為大宗且最具地方特色和時代特徵。其顯著的特點是種類巨集富、造型精美、形體碩大，多屬全國範圍內獨一無二的器型。

　　自新石器時代晚期以來，玉石器製作已漸趨成熟，至商代晚期臻於純熟境地，此一時期以河南安陽殷墟婦好墓出土的玉石器最為著名，而三星堆獨具特色的玉石器群足堪與之媲美。

一、石器

　　三星堆文化時期的石器加工技術在接續早期（三星堆遺址一期文化）技術文脈的同時，又在鑽孔工藝等方面臻於更趨精到的境地，併發展出石雕技術，反映出石器製作社會功能的進一步拓展。

石璧

第三章　物華天府——三星堆的農業、商貿、製陶、製玉和冶煉

　　三星堆遺址所出石璧數量多、體量大，還有許多石璧出土時是按從大到小的序列依次疊疊的。其石器製作技術新成就也主要體現在對石璧施用的鑽孔工藝上。三星堆許多石璧孔芯內留有管鑽痕跡，一些小石璧以及石紡輪通常是利用石璧鑽下的孔芯再鑽孔加工而成。鑽孔方法主要有桯鑽和管鑽兩種，單面鑽或雙面對鑽而成。如1987年真武倉包包出土的二組石璧，其中一組有11件，直徑從20.3～7.1公分不等，從大到小，呈依次遞減變化，各件間相差1公分左右，發掘者稱之為「列璧」。這組石璧孔徑較大，孔寬超過環面寬，且器中部較厚，周緣較薄，周邊不甚規整。孔多由單面管鑽完成。B型石璧共計10件，形體較小，仍從大到小遞減，厚薄不均，是利用A型石璧芯再次管鑽而成。有的石璧芯能與A型石璧套合，器形直徑兩面不等，外緣呈現管鑽的螺旋紋，表明在製作時曾利用大石璧的內芯繼續加工成小石璧。石璧芯的再次加工，說明三星堆時期的工匠們已能高效率、靈活地使用材料，另一方面也表明當時石料的來源仍極其有限，工匠對於手中的材料十分珍惜，在製作中務必充分利用餘料進行加工這一事實。

　　三星堆文化時期石器製作技術領域的另一重要進展，是石雕工藝的出現。出土的圓雕屬長江上游成都平原目前最早的石雕作品，具有本地石雕技術與藝術的發軔意義。

石雕跪坐人像

三星堆圓雕含人物與動物兩大類，前者為三星堆附近西泉坎發現的兩件石像，後者包括遺址中發現的石蛇形器、石蟾蜍及月亮灣遺址出土的石虎等。這些石雕作品出土時均各有不同程度的殘損，石質風化較甚，雕琢技法稚拙古樸，人物和動物的體態、身軀、肌肉細節、凹凸等都較粗略，身軀也未做打磨拋光的細處理。石雕跪坐人像石質較差，其頭部已損壞，軀幹、四肢等細節交待模糊，唯據其軀幹輪廓尚可窺其造型大意。動物造像如石虎，其頭大軀短腿細，全身比例不協調，虎口、虎牙未見打磨與修整痕跡。而石蛇形器選料不僅較粗糙，且蛇頭部分僅鑿為三角形示意，蛇身橢圓形孔不規整，孔底部邊緣也未打磨修整。此期石刻圓雕作品製作手法簡單化和雕塑技法的質樸特點於此可見一斑。雖然從技術史角度看，不論是其選材，還是技術施用，都反映出此時期的石雕技術可能尚處於雛形階段，但從風格上說，其樸拙的造型意趣可從「時代氣象」的意義上解釋為當時民間審美觀的自然流露。

石蟾蜍

二、玉器

玉文化是中華民族的一種特殊的文化心理，源遠流長，根深蒂固，已成中國之魂、民族之魂。「玉」字最早見於我國最古老的商代甲骨文中，漢字中有近500個字從「玉」字旁，而用玉組成的片語更是不計其數，幾乎漢字中的珍寶以及人的嘉德懿行等都與「玉」字有關。可以說，「玉」是一切美好的人或事物的代名詞。

什麼叫「玉」呢？古人和今人對玉的理解在概念上並不相同。東漢許慎《說文解字》解釋「玉」說：「玉，石之美者。」也就是說，凡是漂亮美觀的石頭在古人眼裡都是玉。當時，人們常把質地比一般石材更細膩堅硬，色彩絢麗斑斕，近似玉質的彩石視為寶物，因此古人對玉的籠統概念是「石之美者」。先秦時期，由於生產技術水準較低，加工這些玉石料並不容易，故而加工成型的彩石更加珍貴。

石蛇

石虎

現在，我們通常把玉按照質地分成軟玉和硬玉，按地區分成和田玉、藍田玉、岫玉、獨山玉，或者按岩石種類分成透閃石、角閃石、蛇紋石、陽起石、輝石、等等。從地質學和礦物學角度看，三星堆出土的玉石器岩石種類較多，岩性複雜，有熱變質岩、熔結凝灰岩、含長細砂岩、水雲母黏土岩、

角閃斜長斑岩等，還有軟玉、漢白玉、岫玉、透灰石玉等。

　　三星堆玉器由於受到火燒，表皮色澤斑雜，多呈現大量沁蝕現象，內部色澤則多以灰白色為主。根據玉器的質地，一些學者認為，三星堆大部分玉石材料的來源是成都附近的龍門山脈南段，即茂縣——汶川——灌縣一帶，另有一些玉料是從外地傳入的。有的學者提出，可能是來源於岷江上游的龍溪玉或瑁玉。還有一些學者根據1974年月亮灣梭了田發現的一坑卵石狀玉料，從磨痕看有的可能是「和田玉」，也有些玉器的構造特徵與江蘇溧陽小梅嶺玉礦相似，或許其中有由長江下游輸入的玉料。三星堆個別玉器體現出與其他區域玉料的一些相似性，目前尚還缺乏相關礦物學資料資料的支撐。三星堆玉器中，即使有個別與本地區玉質不同的玉器，最大的可能就是這些玉器本身是由外地直接輸入的結果。但可以確認的是，三星堆大量玉器應該都是就地取材加工而成的作品，因此具有強烈的地域性色彩。

延伸閱讀

玉壘山產玉

　　《續漢書・郡國志》劉昭注引《華陽國志》：「有玉壘山，出璧玉，湔水所出。」

　　三星堆玉器種類以幾何形玉器為主，主要有璋、戈、璧、琮、刀、矛、鑿、錛、斧、鏟、斤、匕、戚形佩、墜飾、環、串珠、管等，缺少像生形玉雕作品。三星堆玉石器的硬度很大，在開料方面利用了砣切、片（鋸）切割技術，有時也採用線切割，但以前者居多；鑽孔有實心鑽（桯鑽）和空心鑽（管鑽）兩種，由單面鑽空或雙面對鑽完成，刻紋多利用旋轉的圓盤狀工具或尖銳的石英工具手工雕琢，鏤空則將打孔與線切割技術結合，玉器的後期打磨、拋光是利用磨石或其他材質物品（如獸皮等）反復碾磨完成，多種技術手段已運用得相當熟練。裝飾技法上流行在璋、戈等器物闌部外側雕琢出繁

第三章　物華天府──三星堆的農業、商貿、製陶、製玉和冶煉 ｜ 125

複的齒牙飾，主要裝飾紋樣有平行直線紋、網格紋、菱格紋、雲雷紋、回字紋、人物紋人物、山形、船形、璋形、彎鉤形（象牙）、手形等，多以細線陰刻技法加工完成。

在遠古時期，美麗、漂亮而又潔淨的玉材是非常珍貴和稀有之物，玉工在加工玉器之初其實並無計畫與方案，而是根據手中玉料的具體情況來確定具體的造型，多是依料施工。

三星堆玉器成型過程複雜，大致運用了鋸、鑿、挖、琢、鑽、磨、雕刻及拋光等一系列工藝。

延伸閱讀

線切割、片（鋸）切割與砣切

所謂線切割，即是用動物的筋條或獸皮條等編織成的繩子黏上解玉沙加水反覆拉動，以此將玉料剖開，用此方法剖玉，往往會在玉器表面留下近似同心拋物線形的痕跡。

片切的方法，即用高硬度的石片切割玉，操作時可能是把薄而直的木質或竹制板條上鑲嵌石英石等高硬度的石鋸，加水反覆切割，用這種方法製作的玉器，會在器物上留下水平切割的痕跡。

砣切法的砣，古代稱沙碾，又稱輪鋸或轉盤刀，是一種圓盤形的加工工具，利用簡單機械旋轉運動的方法，達到切割玉料的目的。

石料

玉料　　　　　　　　　　　　玉璋殘件

延伸閱讀

從1929年首次發現玉石器至今，三星堆玉石器的出土量已逾千件。從類別上和功能上，大致可分為禮器、儀仗、裝飾、人物與動物造型及其他雜器。其中，以禮器、儀仗和屬於祭祀用品的工具居多，尤以璋、戈為大宗，且最具地方特色和時代特徵。總的來說，蜀國玉器的顯著特點是種類豐富、造型精美、形體碩大，多有全國範圍內獨一無二的器型。

（一）切割

玉石的切割是玉器加工的一道重要工序，也是玉工對玉璞進行加工的重要步驟，只有把玉料切割成各種不同的形態才能進一步加工玉器。切割主要是用片狀或長條狀的工具、軟性的線狀工具、圓盤砣具等。

在三星堆博物館玉石器展廳中，展出有鴨子河出土的形體巨大的4塊玉石原料。三星堆出土的玉石器中，或許有些就是取材於這種原料。鴨子河（雁江）的源頭在龍門山，有觀點認為古蜀人很可能是從龍門山上採下的這些玉石原料，然後通過水路河流運輸到遺址北面的鴨子河附近進行加工，三星堆古蜀國的玉石器加工的作坊可能就分佈在今鴨子河河道附近。

這幾塊體量碩大的玉石原料之所以彌足珍貴，在於它們上面留下了明

顯而清晰的切割痕跡。這幾塊玉石原料料身，有的已經被切割成了平面狀，既有大片卸下的，也有小片鋸取的，而明晰深穩的線狀切割痕跡更人引人注目。

鴨子河出土的三塊大玉石

（二）打磨

打磨是玉器加工中一道重要的工序，通常包括刃部的打磨、器表的打磨、孔壁的打磨等內容。當玉器被切割或鑽孔後，玉工一般要相應選用形狀不一、大小不同的礪石把玉器上的鋸痕、砣痕及鑽孔痕跡打磨掉，打磨時仍要加上顆粒均勻的砂粒，循序漸進。將石料打制或切割成粗坯後，再放到大的砥石上面加沙蘸水研磨，使其光滑平整。

就打磨這道工序而言，是採用什麼工具呢？《詩經·小雅·鶴鳴》有云：「他山之石，可以攻玉。」說明有些石頭可以作為治玉的工具，如石英石、金剛石、水晶石、瑪瑙石、黑曜石等，它們的硬度都超過玉石，當然可以用來「攻玉」。三星堆遺址內出土有大量玉磨石，應當就是用於打磨玉石器的工具之一。《詩經·衛風·淇奧》說「如切如磋，如琢如磨」，《禮記·學記》也有「玉不琢不成器」一語，據此可以略窺古人製作玉石器的大致工藝技術。

第四節　鏤石攻玉—三星堆玉石器加工

玉磨石照

（三）鑽孔

中國古代玉器的鑽孔技術早在距今8000年前的遼寧興隆窪文化時期就已具備。早期的鑽孔多為桯鑽（即實心鑽），之後出現了管鑽。管鑽主要是用木、竹、骨、石等管狀形工具加砂蘸水不斷在玉料上旋轉碾磨而成。金沙玉器的鑽孔技術已非常發達，常根據器物的厚薄和大小來採用不同的方法完成鑽孔。較薄的器物或小型的穿孔多用實心鑽，單面鑽孔完成。較厚的器物或大型的穿孔基本上採用空心管鑽，多雙面對鑽，也有單面鑽完成。由於依靠粗砂碾磨，兩面對鑽的孔常在孔壁留有螺旋狀痕跡。有些器物內壁還有錯位的台痕，這是由於管鑽時圓心定位的偏差而造成的。但三星堆大多數有孔的玉器都對孔壁做了打磨處理，使其光滑圓潤。

延伸閱讀

古代主要製玉工具

砣機：古人製作玉器的簡單設備。用圓轉鋼刀安上輪子，以繩牽引，腳蹬使之旋轉以開玉石。因開玉石須用解玉砂加水，故稱「水凳」。

砣具：一種圓盤形的工具，盤的後面有一根圓杆與砣機的旋轉軸相連。砣具根據大小和厚薄的不同，分為大砣、細砣、寬砣、斜砣、平砣等種類，可以用於切割、琢紋、打磨、鏤空等，是製玉最主要的工具。

解玉沙：古代琢製玉器所用礦砂，是古代切割研磨玉石、製作玉器必不

可少的工具。解玉砂是由採集來的天然剛玉砂和石榴石砂，經搗制研漿而成。解玉砂有粗細之分，粗顆粒用以切割，小顆粒用於雕琢研磨。史前琢玉也用石英砂。管具：圓管狀的工具，主要用於鑽孔和圓形器物的製作，使用時有單向管鑽和雙向對鑽兩種方式。

桯具：是一種實心的錐狀工具，主要用於製作繫帶孔及器內鏤空的第一道工序，有單向桯鑽及斜向對鑽兩種方式

（四）刻紋

三星堆玉器裝飾紋樣以平行直線紋最為常見，此外還有同心圓圈紋、網格紋、菱形紋、三角形紋、交叉紋、多重弧線紋、獸面紋、人形紋等。刻紋技法主要有：

(1) 陰線刻劃，就是直接在玉器表面琢紋，刻出的紋飾線條下凹於器物平面，刻劃線條的工具可能是砣具、尖銳的石英、燧石或水晶等其他物質。三星堆遺址出土的大量玉器紋飾都是以砣具來進行陰線刻劃的，特別是在玉璋、玉戈的闌部多見，大多採用單線條的平行直線紋組成裝飾，玉璧和玉瑗上則流行刻劃多組同心圓圈紋。

(2) 陽線刻劃，又稱「減地起線」，即利用淺浮雕的技法，在玉器的表面磨出凸起的紋飾。具體方法是把陽線以外的地子磨減下去，這樣使陽線自然的凸起。

三星堆玉器紋飾刻劃婉轉流暢，這種工藝技術在同時期其他區域玉器中幾乎不見，從一個側面顯示出三星堆玉工們此時已具有極高的治玉工藝水準。

第三章　物華天府 — 三星堆的農業、商貿、製陶、製玉和冶煉 | 131

有同心圓的玉瑗
玉璧

文物資訊

魚形璋

長 38.3 公分，寬 8.1 公分，厚 0.82 公分

三星堆遺址一號祭祀坑出土

(五)鏤空

鏤空技法早在遼寧紅山文化及浙江良渚文化中就已出現,那時是用堅質石片形帶刃工具在器表以手工推拉碾磨,使玉料磨透面出現孔洞,還有就是先用錐鑽在需鏤空處鑽上許多小孔,再用動物的幹筋或植物荊條穿過各個小孔,以弓弦原理拉動,把多餘的玉料去掉而完成的。商周以後的玉器制法是把鑽孔技術與線切割緊密結合起來,利用鏤空裝飾,使玉器造型更豐富,立體感和動感更強。此時的鏤空方法多是利用弓弦原理,先打小孔,再以線為弦配合解玉砂來回拉鋸形成鏤雕。三星堆玉器中也可見到這種鏤空的技術,只是三星堆玉器往往還要在鏤空後對孔眼和拉絲處進行較為細緻的打磨與修整。

(六)拋光

拋光是玉器加工的最後一道工序。一般是以獸皮、木片或竹片等在玉器的表面不斷摩擦,直至達到光潔細膩的效果。

新月形石盒

三星堆遺址裡出土了許多石材和石坯,它們都屬於原材料,一些石料上也有明顯的切割痕跡,還有一些半成品上面有清楚的管鑽痕跡。從這批成品和半成品上的留下的相應工序的製作痕跡,以及成品上的精良的刻紋、精美

第三章　物華天府——三星堆的農業、商貿、製陶、製玉和冶煉

的紋飾、精到的器形等，可以得知，三星堆玉器的拋光技術已相當發達，大多數的玉器在加工完後都經過了拋光處理。因此，即便是經過了火燒，侵蝕現象也較嚴重，但至今大量玉器仍見光澤瑩潤，許多器物的刃部更是被打磨得十分尖薄鋒利。除上面介紹的，根據所制器物的功能或裝飾需要，還有琢、刻等系列工藝，最後定型成器。

古蜀文化中目前發現的大量玉器從工藝技術傳統上看與同時期其他文化玉器的加工技術基本一致，體現出與其他文化間存在著聯繫與交流，器物的造型與裝飾明顯受到中原地區玉器風格的強烈影響，也有部分玉器還保留著一些長江中下游早期文化的因素。但古蜀玉器整體上又具有鮮明的地方特色。無論是玉材的選擇、玉器的形制，還是玉器的組合、用玉的規模等都明顯區別於其他地區。

古蜀玉器多為就地取材而成，部分玉器雖然可能來自域外，但在形制上又進行了改進與變化，融入較多本地區特色，如 V 字形璋、璋形戈、獸面紋鉞等。大量的精美玉石器，彰顯出古蜀玉工高超精湛的製玉工藝，彰顯出他們的勤勞和智慧。同時也說明，當時在三星堆古蜀國已經具有相當規模的玉石加工作坊，人數眾多、手藝高超的製玉工匠，以及相應的較為完善、系統的管理協調組織。可以說，三星堆時期的玉石器加工已走向成熟。

總的來看，三星堆玉器在中原外來文化的影響下，開創了成都平原古蜀文化玉器製作的先河，並為隨之而來的金沙玉器的高度發展奠定了堅實的基礎。金沙玉器又秉承三星堆玉器的優良傳統，並在此基礎上不斷融合、創新、發展，從而將古蜀玉器推向又一個高峰。古蜀玉器以巨大的數量、精工的製作、獨特的個性，在中國源遠流長的玉文化譜系中佔有一席重要的位置。

第五節　烈火熔金 —— 三星堆冶煉

　　三星堆青銅器的合金構成可分五種：紅銅、錫青銅、鉛青銅、錫鉛青銅和鉛錫青銅，其中以鉛錫青銅這種三元合金構成的青銅器數量最大。青銅器系使用範鑄法澆鑄成型，採用了分鑄、渾鑄和嵌鑄法等，又大量運用了鑄接這種聯結組合技術，配以套鑄、鉚鑄、嵌鑄等各種複雜繁難的工藝。

　　金器則大多屬金銀二元合金，含金量一般達到85%以上，經過了砂金淘洗、冶煉、碾壓、捶打、圖案模印等工藝流程。青銅人頭像內有泥芯（內範），遺址亦有類似坩堝的陶器出土，表明當地已擁有大型鑄銅作坊。

　　三星堆偉大的青銅器群，以其繁複的工藝、獨特的造型和宏大的形體，反映了商代中國科技發展的最高水準。

　　三星堆遺址及兩坑出土器物不僅數量巨大，種類豐富，文化面貌複雜、新穎、神秘，而且造型奇特，規格極高，製作精美絕倫，充分反映了其高度發達的青銅鑄造技術、黃金冶煉加工技術，以及獨特的審美意識和宗教信仰。

一、青銅器

　　青銅，是指紅銅和其他化學元素的合金，如銅與錫的合金叫錫青銅，銅與鉛的合金為鉛青銅，其他還有鉛錫青銅、鎳青銅、磷青銅等，因其銅銹呈青綠色故而得名。中國商周時代的青銅古稱金或吉金，其合金成分是錫青銅和鉛錫青銅。

　　三星堆的青銅器以鉛錫青銅這種三元合金構成的最多。通過合金成分金相分析，我們發現，三星堆青銅器大部分含鉛量較高，青銅器含鉛量高有助於澆鑄時增加銅的流動性，使器物的製作更加精緻。中國目前發現的最早的青銅器是距今4000年夏代的文物，中國青銅時代最光輝燦爛的時期則是商

第三章　物華天府—三星堆的農業、商貿、製陶、製玉和冶煉 | 135

周時期，尤其是商代後期的各類青銅器最為壯觀、最有氣勢、最具魅力，而三星堆青銅器正是這一時期中國西南青銅文化的傑出代表。

迄今為止，三星堆遺址尚未發現青銅的冶煉作坊，只是發現有零星的青銅殘塊、煉銅渣以及一塊類似熔化銅液所用的坩堝的夾砂粗陶片。

青銅的冶鑄，是採礦、運輸、冶煉、配料、制範、澆鑄等多種技術的結合，是生產力發展的一個重要的標誌。從三星堆出土的青銅器來看，當時的工匠不僅能鑄造器形、紋飾都很複雜的容器，還能鑄造活潑寫意的動物、植物及神秘威嚴、恢弘大氣的人物造型，可見當時的青銅冶鑄已非初創，而是達到了相當高的水準。

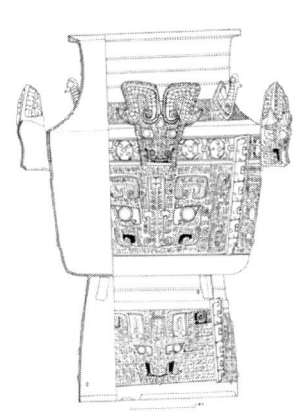

三星堆III式銅罍線圖 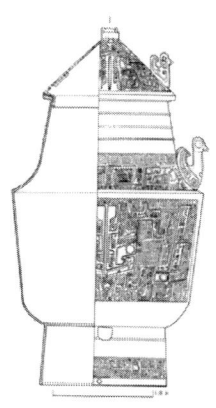　　三星堆銅方罍線圖 　　三星堆銅方罍紋飾（拓片）

三星堆銅罍蓋線圖 　　三星堆III式銅罍肩部、腹部紋飾（拓片）

三星堆的青銅器鑄造具有以下特點：

1. 獨具特色的青銅配方

三星堆的青銅合金組成，主要有五個類型：紅銅、錫青銅、鉛青銅、錫鉛青銅、鉛錫青銅，其中以鉛錫青銅這種三元合金構成的青銅器最多。青銅加錫或加鉛，其意義不僅在於降低熔點，更重要的加錫可以提高青銅的硬度，增加光澤度。鉛不能熔解於銅內，只能在銅液中均勻地分佈作滴狀浮懸，因而加鉛於銅，可以使銅液在灌鑄時流暢性能好。三星堆的青銅器中還含有微量元素磷，亦可增加青銅的流動性，提高其強度、硬度和彈性。在其他地區出土的商代青銅器中，都沒有發現含有磷元素，這不僅說明古蜀國青銅合金術富於特色，而且說明古蜀人在掌握青銅合金的去氧技術方面，達到了當時的先進水準。

2. 爐火純青的澆鑄工藝

三星堆的青銅器採用了商周時代應用最廣的範鑄法，主要使用了以砂和泥土為主要原料的陶範。根據鑄造所留下的鑄痕，其鑄造工藝大致分為兩類。一類是渾鑄法，即一次澆注成完整器形的方法，也叫整體澆鑄或者多範合鑄。另一類是分鑄法，是在渾鑄法基礎上發展起來的，主要用於鑄造器型複雜或較大的器物。分鑄法分為先鑄法和後鑄法。先鑄法是先鑄器物的附件，然後把附件放在鑄器器身的範中，和器身鑄接為一體。

後鑄法是先鑄器身，再在上面造範，澆鑄附件而成整器。三星堆的青銅器造型結構複雜，還大量採用了鑄接這種聯結技術，並配以套鑄、鉚鑄、嵌鑄等技藝。除去稍後時代產生的失蠟法，青銅鑄造工藝的全套技術在三星堆青銅器中都有體現。

延伸閱讀

失蠟法

失蠟法也叫「熔模法」，是一種青銅等金屬器物的精密鑄造方法。它是用蜂蠟做成鑄件的模型，再用別的耐火材料填充泥芯和敷成外範。加熱烘烤後，蠟模全部熔化流失，使整個鑄件模型變成空殼。再往內澆灌熔液，便鑄成器物。失蠟法在我國有悠久的歷史，湖北隨縣曾侯乙墓出土的青銅尊、盤是我國目前所知最早的失蠟鑄件，時代是在西元前5世紀。

這裡，以三星堆出土的青銅人頭像為例，介紹一下古代青銅器的澆鑄流程。

第一步，制模。先用陶土做成人頭模型。陶土的黏土含量較多，混以燒土粉、炭末、草料或者其他有機物，並掌握好調配泥料時的含水量，使其有較低的收縮率與適宜的透氣性，如此在塑成後可避免因乾燥、焙燒而發生龜裂的現象。陶模的表面必須細膩、堅實，以便在上面雕刻紋飾。塑成泥人頭像後，讓它在室溫中逐漸乾燥，在待其乾至適當硬度時，再進行紋飾雕刻。凹陷部分直接從泥模上刻出，凸起部分則另外制好後貼在泥模表面。泥模製成後，須入窯焙燒成陶模，然後進行下一步翻範。

第二步，制範。制範也要選用和製備適當泥料，其主要成分是泥土和砂。一般而言，範的黏土含量多些，鋅則含砂量多些，顆粒較粗。且在二者之中還拌有植物質，如草木屑，用以減少收縮，利於透氣性。範的泥土備制須極細緻，經晾曬、破碎、分篩、混勻等工序後，再加入適當的水分，將之和成軟硬適度的泥土，又經過反復摔打、揉搓以及較長時間的浸潤，使之定性。這樣做好的泥料在翻範時才能得心應手。用調和均勻的細質泥料緊緊按貼在泥模表面，拍打後使泥模的外形和紋飾反印在泥片上，中間可加些細沙隔離以防止模型和外範黏在一起。

第三步，合範。將翻好的泥片劃成數塊，取下後燒成陶質，這樣的範堅

硬不易變形，稱為陶範。將陶範拼合形成人頭像的外腔，稱為外範。外範製成後，將翻範用的泥模均勻削去一薄層，製成人頭像的內表面，稱為內範，內範的製作可選用一根劃有刻度的竹片之類的工具在上面均勻地劃上些小方塊，然後將這些厚度一致的小方塊削去，即可將人頭像的厚度控制好。將內外範合成一體，內、外範之間削出的空隙即為銅液留存的地方，兩者的間距就是青銅器的厚度。

第四步，澆注，即將銅液注入陶範。待銅液凝固後，將內、外陶範打碎，取出所鑄的青銅人頭像。傳統的範鑄法只能鑄造一件青銅器，因此不可能存在兩件一模一樣的青銅器。

第五步，打磨和整修。剛鑄好的青銅人頭像，表面粗糙，線條也不清晰。經過打磨整修，一件精緻的青銅人頭像就誕生了。

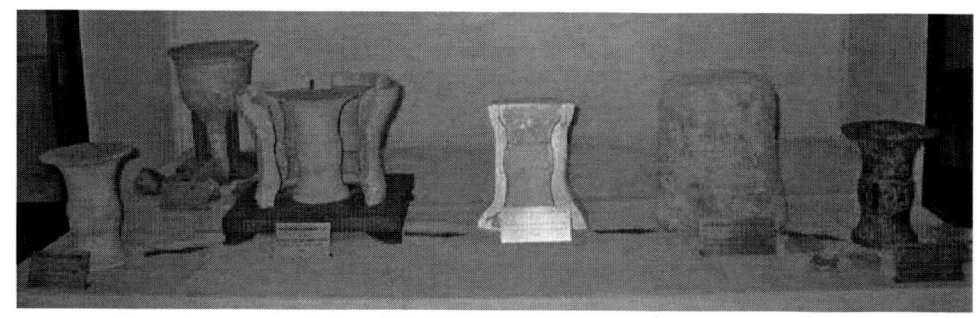

古代青銅器澆鑄流程圖

三星堆出土的青銅器群頗為壯觀宏偉，其中也不乏玲瓏韻致的的佳作。下面，我們來欣賞一些小體量的精美青銅飾件。

1. 銅掛飾

三星堆青銅掛飾類器物包括銅鈴、圓形、龜背形、扇貝形及箕形掛飾五種，均出土於二號祭祀坑。銅鈴共有 43 件，分九種類型，其造型既有幾何形的，也有仿擬動植物形態的，頗富情趣。此外，銅圓形掛飾 30 件、龜背形掛飾 32 件、扇貝形掛飾 48 件、箕形 2 件，雖屬同類器物，但形式變化豐富，足見匠心。

第三章　物華天府——三星堆的農業、商貿、製陶、製玉和冶煉 | 139

文物資訊

銅鈴

通寬8.1公分，高14公分
三星堆二號祭祀坑出土

　　F型銅鈴。造型像一隻蹲伏的鳥，尖尖的勾喙，圓圓的大眼，身有羽翼，中間活動的鈴舌做成獠牙狀。鳥額上鑄有圓拱型鈕，鈕上套「8」字形鏈環，作懸掛之用。可以設想，當銅鈴因風發響或被敲擊發出叮噹之聲時，鈴聲與鈴型相配，給人以如聞鳥兒鳴唱的感受。這件銅鈴可謂頗富巧思、生動有趣的藝術品。

文物資訊

銅鈴

高7.35公分
三星堆二號祭祀坑出土

　　C型銅鈴。銅鈴正面呈梯形，橫斷面呈長橢圓形，兩側鑄寬而薄的翼，頂上的半圓形鈕是作懸掛之用。鈴兩面均飾獸面紋，內以朱砂填塗，體積雖小，卻不乏淩厲嚴威之感。與形制相近的素面鈴相比較，這種特別加飾獸面的銅鈴除體現出對裝飾性美感的著意追求以外，會不會存在等級意義呢？是否還涉及使用者的許可權問題？這還有待進一步的研究。

文物資訊

銅鈴

口徑 6.8 公分，通高 12.2 公分

三星堆二號祭祀坑出土

H 型銅鈴。銅鈴造型宛如一朵盛開的喇叭花，鈴頂部為花托，桶上部表現的是花之子房，其上環飾以波曲形紋；下部四花瓣上又滿飾聯珠紋，柱狀鈴舌下端則巧作為花蕊形。整器造型優美，裝飾花紋的布列形式體現出明顯的秩序意識。在古蜀人的眼裡，這一構型仿擬自然植物的銅鈴，當不只具視覺審美價值，而應如三星堆銅神樹上的「天花地果」一樣，還帶上了神異的色彩，昭示著超越世俗的神聖價值。

文物資訊

帶掛架銅鈴

高 8.3 公分

三星堆二號祭祀坑出土

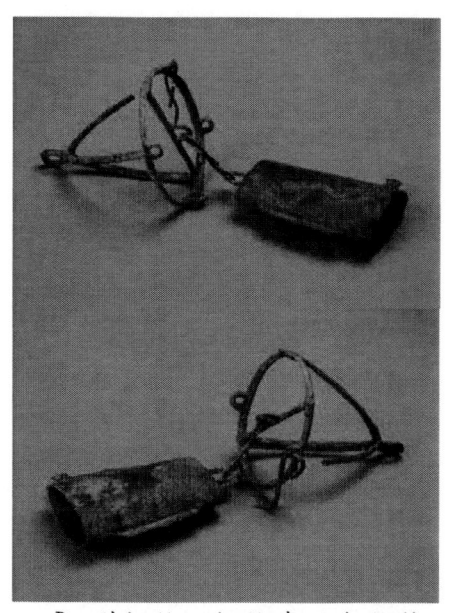

Da 型銅鈴。銅鈴素面無紋飾，其正面呈梯形，兩腰微弧，兩側飾翼。鈴頂部設有懸掛鈴舌的扁孔，但鈴舌今已無存。鈴頂掛鈕與掛架由一「8」字形鏈環相套接，從掛架所鑄的數個鏈環扣看，很可能原是數條「8」字形鏈環共穿套於掛鈕，總體呈倒錐形連接掛架與銅鈴。這一帶掛架銅鈴原本秀雅美觀的形式構成，可以想見。

第三章　物華天府 —三星堆的農業、商貿、製陶、製玉和冶煉 | 141

文物資訊

扇貝形銅掛飾

寬 6.9 公分，高 9.2 公分
三星堆二號祭祀坑出土

G 型扇貝形銅掛飾。掛飾平面略呈橢圓形，背部五道圓弧形脊棱的布列形式呈昆蟲羽翅狀，其上滿飾三角目雲紋。參考兩側帶翼的 F 型扇貝形素面銅掛飾與兩側出尖角、後部帶羽尾的 C 型扇貝形素面銅掛飾，有理由相信，這件掛飾的構型與脊棱處理手法，很可能確實是從某種昆蟲的外部形態上得到了啟發，甚或就是以這種抽象形式表現了某種昆蟲。

文物資訊

圓形銅掛飾

直徑 8 公分
三星堆二號祭祀坑出土

銅掛飾形制為圓形，其周緣平整，中間隆起部分飾九芒太陽紋，九芒等距分佈，方向一致，總體呈右旋態勢。在這種形制的三星堆銅掛飾中，素面者多，施紋者少，而運用太陽紋裝飾的僅此一例，似具有某種特殊性。可以說，古蜀先民對太陽的崇奉之情在這件小小的器物上也同樣得到了體現。

從出土情況得知，這一大批銅鈴、掛飾是和銅掛架組合在一起使用的。其組合形式為：掛架中央懸掛銅鈴，附配的掛飾則懸掛在掛架架圈的掛鈕上。每個掛架上懸掛相同形制的掛飾。有學者推測，這些配置成套的銅掛架、銅鈴及掛飾可能多是青銅神樹上懸掛的裝飾物。也有人認為，銅鈴可能是樂器，因為這當中保存較完好的 18 件可以測出音高，不少器物的音色清脆悅耳。靜靜欣賞這些工藝精湛、造型美觀的銅掛飾，不能不佩服古蜀工匠非凡的想像力和創造力。

2. 銅牌飾

三星堆青銅牌飾共發現 4 件，其中一件出土於三星堆遺址以西的高駢鄉機磚廠，其餘三件均出土於三星堆遺址中心區的真武倉包包祭祀坑。牌飾體薄小巧，形制基本為上寬下窄的長方形，牌面多飾花紋，其中兩件並鑲嵌有綠松石。

銅牌飾沒有生產和生活方面的具體功能，顯然不是實用器。它是一種精緻珍貴的獸面神像，是一種承載神聖的信仰，具有禮儀或宗教性質的專用裝飾品。它運用了代表當時最高工藝水準的青銅器鑄造和綠松石鑲嵌技術，以剛剛成熟的威嚴的獸面紋（饕餮紋）作為主題圖案，被綁紮懸掛在胸前衣襟處的顯要位置上。它可能是一種神靈的標誌，一個崇拜的物件。它被作為護身的寶物，放置在人體胸前最顯著的位置，用以表述某種特殊的信仰和崇拜觀念。

銅牌飾是一種流行時間短、地域性強、文化特徵明顯的標型器物，在中國青銅器發展史和早期文明史上都具有特殊價值。河南偃師二里頭遺址中曾出一種獸面紋（饕餮紋）銅牌飾，是二里頭文化中最重要、最典型的銅器之一，並被視為青銅器上獸面紋起源發展過程中的一個關鍵環節，是中國早期青銅禮器的突出代表。三星堆銅牌飾出現的時代，大約在二里頭文化晚期到二裡崗下層文化階段，即使用時間不會晚於商代前期。由於這是一種存在時

第三章　物華天府──三星堆的農業、商貿、製陶、製玉和冶煉 | 143

間短、地域性強、特徵明顯的標型器物，因此它不僅將三星堆青銅器的起源追溯到了夏末商初，且為研究三星堆文化與二里頭文化之間、夏與蜀兩大民族集團之間的歷史關係等，提供了重要的實物佐證。正如著名歷史學家李學勤先生所說：「廣漢一帶的古文化與中原的二里頭文化的聯繫，有不少線索可尋。嵌綠松石牌飾是一種非常特異的器物，在相隔遙遠的兩地出現，極其值得注意。」

文物資訊

銅牌飾

長 14 公分，寬 4.9～5.6 公分，厚 0.2 公分

三星堆遺址出土

A型。銅牌形制為呈圓角的長方形。牌面形式處理為鏤空花紋圖像，牌面中心為一主幹，兩側有 5 對 10 個「S」形的鏤孔，空隙處飾 20 個三角形鏤孔和 4 個彎月形鏤孔。一般認為，該銅牌的圖像是一種具有象徵意義的獸面紋。

第五節 烈火熔金—三星堆冶煉

> **文物資訊**
>
> 銅牌飾
>
> 長13.8公分，寬5.2～5.6公分，厚0.1公分
>
> 三星堆遺址出土

B型。銅牌形制呈盾牌狀。其兩側有對稱的兩對半圓形穿紐，應是作繫掛之用。牌面裝飾圖像為幾何形樹，中為樹主幹，枝杈斜出，枝杈間成對相連的圓圈紋可能表現的是果子，枝幹上的勾雲形紋飾或許表現的是葉芽。圖案空隙中鑲嵌綠松石碎片，精巧美觀。銅牌正面與背面分別留有線織物印痕和竹編印紋痕跡，估計它是捆繫在某種織物上的飾件。

> **文物資訊**
>
> 銅牌飾
>
> 長13.8公分，寬5.2公分～5.8公分
>
> 三星堆遺址出土

C型。器身呈長方梯形，牌上、下端有兩穿孔。器表殘留有朱砂塗飾過的痕跡，應為著彩銅牌。與前面兩件銅牌相比較，這件牌飾的形制與鑄造技術，顯得較為古拙粗放，在製作年代上可能相對較早。但也有學者認為，該牌飾是獸面紋銅牌的一種簡約形式，可能是後期銅牌飾發生蛻化的一種表現。

第三章 物華天府—三星堆的農業、商貿、製陶、製玉和冶煉 | 145

二里頭文化 鑲嵌獸面紋銅牌飾（1981年河南偃師二里頭出土）

二里頭文化 鑲嵌獸面紋銅牌飾（1981年河南偃師二里頭出土）

關於夏與巴蜀的關係，古籍傳說中的相關記載主要有三個方面：一是黃帝之子昌意降居若水，娶蜀山氏之女，生高陽，是為帝嚳（應為顓頊），將其嫡子以外的旁支封於蜀的故事。二是禹生川西石紐，禹娶塗山氏於江州（重慶）的故事。三是夏啟之臣孟塗「司訟于巴，人請訟于孟塗之所」，以及夏桀娶岷山琬與琰二女、成湯放桀於「南巢」的故事等。這些記載在一定程度上折射出兩地文化很早就存在著某種聯繫。

三星堆文化和三星堆古城以及寶墩文化史前城址群中，有不少文化因素與中原地區的龍山文化、二里頭文化、二裡崗文化有相似之處，證明夏商時期乃至更早階段的蜀與中原就曾有歷史關係之說，並非虛傳。三星堆與二里頭兩地銅牌飾的發現，又為蜀與夏文化關係的研究提供了重要證據。

第五節　烈火熔金—三星堆冶煉

　　關於三星堆與二里頭文化關係的認識，主要有傳播論和影響論兩種看法。有的學者認為，三星堆二期文化很可能是在夏末商初之際，遷入成都地區的夏遺民與當地土著民相結合所創造的一種新型文化遺存。也有的學者認為，夏文化與蜀文化既同源而又各自獨立發展，在發展中不斷發生雙向的文化交往交流。三星堆銅牌飾等器物的發現，說明二里頭文化對三星堆文化確實有過直接的影響。

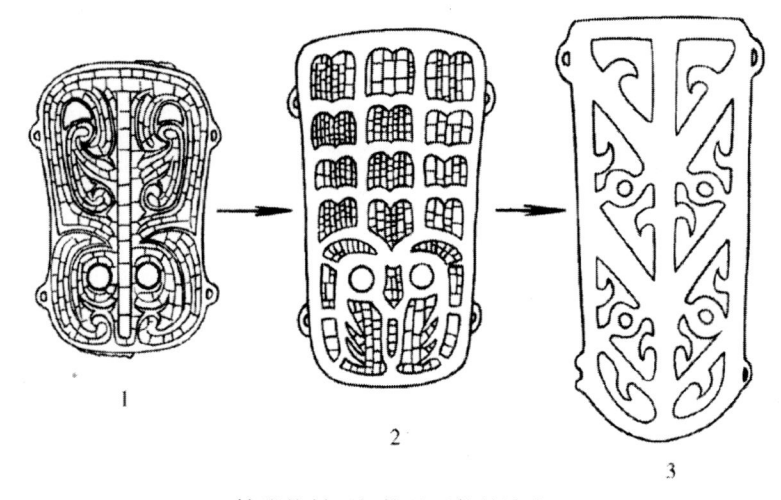

鑲嵌綠松石銅飾牌形態的演變

　　事實上，三星堆文化包含的文化因素複雜多樣、豐富多彩。一方面，從考古發現看，三星堆文化的牙璋等器物可能又反過來影響了二里頭文化。另一方面，近年來仁勝村土坑（墓）群中出土的錐形器和泡形牙璧等玉器，則反映出其與東南沿海的良渚文化之間有一定的聯繫。而三星堆遺址中出土的大量象牙、海貝、青銅神樹、人像以及金面罩、金杖等，又反映了域外的古代文化曾對三星堆文化產生過影響。這表明，文化的影響是相互的，是多維度、多層面的，三星堆文化不僅與中原及長江流域中下游古文明有雙向的交流互動，而且對周圍文化也產生了較強的影響。三星堆燦爛奪目的古代文明，正是通過吸收匯納多種文化才得以形成並發展繁榮起來的。

3．銅戈和銅璋

三星堆一、二號祭祀坑共出土青銅戈 61 件，其形制均為十字形，按其形態的相對變化分為五種類型。

三星堆十字形青銅戈的援呈細長等腰三角形，兩側有鋸齒或連弧狀刃口。一般認為，這種銅戈可能是西周至戰國時期巴蜀三角援無胡式銅戈的祖型。

文物資訊

銅戈

寬 2.5～4.3 公分，通長 20.4～21 公分

三星堆一號祭祀坑出土

就器物分類而言，銅戈屬青銅兵器，但從三星堆銅戈呈薄片狀、不大具有殺傷性這點看，其應屬仿實戰兵器製成的禮儀用品，推測是在宗教儀式表演活動中用作儀仗，以壯其隆儀。此外，在古蜀人的祭祖請神儀式中，也可能使用這種銅戈作驅邪之法器。

文物資訊

銅璋

長 14.2 公分

三星堆一號祭祀坑出土

這件銅璋長僅 10 餘公分，但造型奇特，頗為罕見。它的器身呈拐折狀，頂端分丫開叉，一側有彎鉤，柄部如同「S」形，整個器形看上去就像剛剛破土而出的禾芽，充滿蓬勃的朝氣。

除上面介紹的青銅器外，還有一些小體量的銅瑗和戚形方孔璧，其文化功能與玉瑗、玉戚形方孔璧一樣，均應是祭祀禮器。總之，這些器物，或為獨立的小件禮器或裝飾品，或屬於一些大型青銅製品上脫落的裝飾附件，相比於銅神樹、青銅大立人等體量碩大的青銅製品，其體量雖小，但構型造勢考究而富有趣味，做工精細而構思巧妙，頗值賞看玩味，堪稱三星堆青銅器群中的一道獨特的風景線。

二、金器

黃金是稀有的貴重金屬，以其耀眼奪目的光澤，深受世界各民族的推崇。中國是世界上最早使用黃金的國家之一。中國早期的金器較多地出現於商代，商代的黃金製品以秦嶺和淮河為界，分為南、北兩大地域系統，體現出不同的價值傾向。北方諸系金器大多為裝飾品，數量與種類不多，且形體較小。南方金器則以三星堆金器為突出代表，其器物風格和制金工藝獨

第三章 物華天府—三星堆的農業、商貿、製陶、製玉和冶煉

樹一幟，在中國同期文明中屬最為傑出者。

根據地質調查，四川盆地西北部和盆地周緣都有廣泛的金礦分佈，三星堆金器原料可能來自四川西南部的大渡河、雅礱江流域。三星堆黃金製品種類豐富，量多體大，主要發現於1986年發掘的兩個器物坑中。一號坑出土金器4件，種類有金杖、金面罩、虎形箔飾、金料塊等。二號坑出土金器61件（片），種類有金面罩、金箔四叉形器、璋形箔飾、魚形箔飾、圓形箔飾、金箔殘片。

另有金箔殘片殘屑等191.29克。其中，2件金面罩黏附於青銅人頭像上。金器含金量多在90%左右，另外10%的金器主要含銀。其中，一號坑出土的金杖長142公分，重463克，可以說是中國商周時期迄今發現的體量最大的一件金器。金杖以金箔製作，採用了捶打定型、剪裁挖孔、皺折修整、延展消氣、土漆黏合、捶打修整、磨光等多道工藝過程，加工技術已相當成熟。金虎形飾是用較薄的金箔模壓捶打而成，其身

文物資訊

金箔四叉形飾

高9.4公分，寬6.9公分，重6.02克

三星堆二號祭祀坑出土

器物用長方形金箔鏨成尖角四叉形，另一端齊平，有點像四座起伏相連的窄山，應是黏貼於其他器物上的飾件。

體上還飾有勾雲紋和圓渦紋，圓頭大口，體態驕健生動。各種形狀的金箔飾件，裁剪成魚形、璋形、圓形、四叉等不同形態，並用極細的劃紋刻劃出魚鱗、葉脈、璋首等細小紋飾，同時還有穿孔以便於懸掛。這些器物製作工藝精湛，體現出以錘拓、模壓、黏貼、鏨刻、鏤空等技術為主的工藝特點，代表了中國早期黃金冶煉工藝的最高水準。

文物資訊

金箔魚形飾

三星堆二號祭祀坑出土

此類飾件共出土 19 件，分大小兩型。大號金箔魚形飾共有 5 件，長約 20 公分，寬近 2 公分，器身細長，既似魚形又像柳葉，上鏨刻有精細的葉脈紋和刺點紋。小型的金箔魚形飾形制與大號接近，長度從 4 公分至 7 公分不等，表面無紋飾。魚形飾上端均有一圓穿孔，應是懸掛於其他器物上的飾件。

第三章　物華天府—三星堆的農業、商貿、製陶、製玉和冶煉

文物資訊

金虎形飾

通長 11.6 公分，高 6.7 公分，重 7.27 克
三星堆遺址一號祭祀坑出土

中國古代民族多有崇虎的習俗，中原出土文物大量以虎為飾，戰國時流行於四川的「巴蜀符號」也以虎圖紋最為常見。三星堆出土的金虎及青銅虎，造型以簡馭繁，氣韻生動，說明蜀人對虎的觀察相當仔細，而且虎的形象在其心目中有十分重要的地位。只有當人們崇尚某種動物時，才會產生對它的細緻觀察態度。這件金虎昂頭張口，彷彿正在咆哮山林。它的身體呈半圓形，眼部鏤空，前足伸，後足蹲，尾巴上卷，似乎正在奔跑，形象極為生動傳神。《山海經‧海內經》說古蜀境內百獸出沒。虎為百獸之王，一方面為了生存便「認虎為親」，以求保護。另一方面，古蜀人又把虎作為山林之王而崇拜。這就是金虎形飾反映的歷史語境。該飾件呈半圓形，推測原來是黏貼於其他器物上的飾件。

第五節　烈火熔金──三星堆冶煉

　　三星堆金器大多數屬金銀二元合金，含金量普遍達到 85% 左右，另外的 15% 多為銀。在當時能夠提煉並做出含金量如此高的金器，其冶煉技術的高超可見一斑。三星堆金器的鑄造過程大致為：採用原始的方法淘洗砂金，再使用熔融法冶煉成合金，經人工捶打和碾壓成金皮、金帶、金箔，之後再剪切成形。特別是三星堆出土的金杖，按照其長度和直徑計算，其展開面積超過了 1,000 平方公分，這樣大的金皮，又錘製得如此平整、均勻，沒有因捶制不當而產生破裂、空洞等現象，說明了古代工匠對黃金質地柔軟、富於延展性等特點有了充分的認識和掌握。同時，模壓、黏貼、鏨刻、鏤空等技術在三星堆的金器中也得到充分體現，不少金器在製作完成後，還經過了拋光處理，雖經幾千年的泥土掩埋，仍耀眼奪目，光彩依舊。三星堆黃金製品的生產技術和加工工藝在當時都處於領先地位。

　　黃金工藝在中國的先秦時代並不發達，人物造型的黃金像設或器具更為罕見。三星堆器物坑中出土的金人面罩、貼金銅人頭像與金沙遺址出土的金面具，在商周時期中國其他地區和其他文化中幾乎不見。

延伸閱讀

三星堆金箔飾件

三星堆金器以金箔和金片為主，除了有金杖、金面罩等較大型的器型外，也出土了很多小型的金箔飾件。

各形各式的金箔飾件均形體細小，可能並非單獨使用的飾件。幾乎所有的金箔飾件上都留有小穿孔，應是作為繫掛之用的。可以推測，這些小型金箔飾件應是附著在其他器物上的飾品。二號坑出土的一棵小神樹的樹枝上包裹有金箔，那麼這些金箔飾件是否就是神樹上的掛飾呢？如果這種猜想得以證實的話，那麼這棵金光閃閃的神樹就真成了名副其實的「金枝」。古羅馬史詩《埃涅阿斯記》中記載，特洛伊英雄埃涅阿斯在父親去世後，根據一位元女神的指示，折取了一節樹枝，借助它前往冥界去尋找父親的靈魂，這神奇的樹枝就叫「金枝」。三星堆神樹也被認為是通天通神的工具，那麼懸掛於神樹上的金箔飾件顯然並非普通的裝飾品，而具有某種神奇的祭祀意義。

第五節　烈火熔金—三星堆冶煉

第四章　雄渾壯闊的生命讚歌 —— 古蜀人的信仰與藝術

第一節　天地之靈 —— 玉石器大觀

　　玉石器多是古人用來交感神靈、溝通天地的禮器及祭品，是所謂「以玉通神」的精神產物。自上古時代，先民們即開創了崇玉、尚玉這一源遠流長、蔚為大觀的「中國玉文化」之先河。

　　三星堆出土的眾多玉石器足以證明，至遲在商代，蜀人已有了較為完備的宗教禮儀制度，反映出古蜀國已具有相當強盛的綜合國力，而與之相適應的宗教禮儀制度已臻於完善。古人以玉作「六器」，玉之用，天地四方，無所不包。玉器作為通天、通神之禮器，在古人心目之中具有崇高的地位。而遺址出土的玉石器中禮器的數量最多，從一個側面反映了當時蜀國的政治宗教文化。其中，如璧、璋等都是古代祭儀中最為重要的禮器，璧以禮天，璋以祭山，「天山之祭」是古蜀人通靈、通神和通天的主要方式。

　　三星堆遺址玉器的基本器形和組合關係，與同時期中原和長江中下游出土玉器有很多相似之處，如璋、戈、琮、璧的器形特徵和組合情況，與二里頭、二裡崗、殷墟等地出土的玉石器大體相仿；三星堆西部墓葬區出土的錐形器、泡形器等，又與良渚文化玉器類似，證明三星堆文化的玉器是在中原和長江中下游文化影響下形成和發展起來的，是中華玉文化大家族的一個有機組成部分。同時，三星堆玉器又有許多自身的特色，如璋的數量眾多，體量碩大，形式複雜，而且有魚形璋、鏤空璋、刻劃圖像的邊璋等獨有品種；又如工具類玉器數量品類豐富，列璧被大量使用，說明三星堆文化已經形成了自身的玉器風格和體系，代表了玉文化的又一個地區類型。

一、飾品

　　三星堆遺址出土的玉石飾品亦是古蜀玉文化中頗具特色的品類。如串珠、玉管、琥珀墜飾等，用料考究，雕琢工細，小巧別致，極富生活氣息與

藝術趣味。其婉秀樸雅之風，展現出崇神時代古蜀人審美情趣的多樣性與佩玉風尚之一斑。

三星堆的玉石飾品主要有玉串珠、玉管、琥珀墜飾等，玉管和玉珠多採用碧玉為原料，溫潤光潔，晶瑩剔透。與粗獷大氣的玉石禮器相比，玉石飾品更顯玲瓏別致、婉秀樸雅。每一件飾品的製作都精雕細琢，採用了雕刻、鑽孔、拋光等多種工藝。

文物資訊

<u>玉管</u>

通長11.6公分，高6.7公分，重7.27克

三星堆遺址二號祭祀坑出土

三星堆二號祭祀坑出土的玉管共15顆，呈直筒形，每顆的長度從1.7公分至4.85公分不等，每顆玉管都採用桯鑽法鑽孔，孔壁很直，打磨光滑。玉管顏色為綠色，光亮可鑒。玉管應是佩戴於頸部的裝飾品，同項鍊的功用一致。

古人素有佩玉之風尚，玉飾通常是財富、權利和身份地位的象徵。三星堆玉石飾品展現了古代蜀人的佩玉習俗和審美情趣，富有濃郁的生活氣息。作為珍貴的裝飾品，在祭祀活動玉飾也通常會被作為祭品奉獻給神靈。二號坑的玉管、玉珠等飾品在出土時均裝在銅罍裡，大概就是作祭品之用。

文物資訊

玉串珠

通長 11.6 公分，高 6.7 公分，重 7.27 克

三星堆遺址二號祭祀坑出土

三星堆二號祭祀坑出土玉串珠共 41 顆，形狀多為鼓形或長鼓形，少數為算珠形，長 1～1.8 公分，直徑 0.8～1.1 公分。玉珠的質地為碧玉，呈現綠、灰、白等多種顏色，美麗奪目。同玉管一樣，玉串珠也是佩戴於頸部的裝飾品。

延伸閱讀

「玉石之邦」——中國

中國玉器製作從新石器時代開始,已有7000多年的歷史,悠悠數千載經久不衰,素有「玉石之邦」的美稱。

早期玉器僅僅是作為工具和裝飾使用,隨著社會的發展和貧富的分化,產量少而美觀的玉器便逐漸成為財富和權力的標誌。《周禮·大宗伯》「六瑞」之說,就明確規定按人的身份、等級的不同而應使用相應圭璧,不准越級持佩。玉器又是統治者用來祭祀天地,祈禱神靈的禮器。而在原始宗教中,玉器又被作為溝通天地人寰的法器。

《荀子·勸學》中云:「玉在山而草木潤。」是說蘊藏有玉的山嶺會因此而草木豐茂鮮潤,意在突出玉作為天地之靈的功用。《說文解字》中說:「玉,石之美,有五德,潤澤以溫,仁之方也。」這便是抽繹美石色澤溫、紋理清、質地密、硬度堅、韌性強的屬性,與仁、義、智、勇、潔「五德」相配,而賦予其道德、哲學、政治理念,寄寓了美好願望,這與「君子比德于玉」之說互為映發。而通過「握瑾懷瑜」、「鏤石攻玉」等中國成語,以及漢字中不勝枚舉的與玉有關的字,則更見玉石文化的張力。可以說,源遠流長的玉文化是中國古代文化的一大載體。

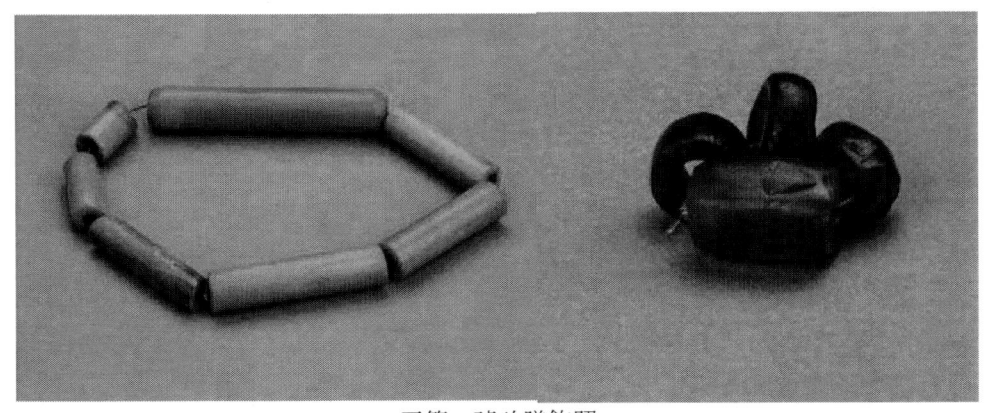

玉管、琥珀墜飾照

二號坑出土玉鑿裝於銅罍中

工具的禮儀化是三星堆晚期遺存的重要特徵，三星堆玉石工具刃部犀利如新，並多出於祭祀坑中，應是宗教儀式中使用的祭品。三星堆玉石兵器為宗教儀式中的儀仗，其中戈的數量最多，做工考究，風格冷峭；玉璧清潤瑩潔，朴雅美觀。

在三星堆祭祀坑及遺址中出土了大量的玉制工具，其中以鑿為大宗，兩坑共出土玉鑿 68 件。鑿本來是一種勞動生產工具，但三星堆出土的玉鑿選料考究，製作精美，表面都經過拋光，有的器身上還有穿孔，可能用於佩戴或懸掛。玉鑿出土時刃部犀利如新，沒有明顯使用過的痕跡，並且多出自於祭祀坑，特別是二號坑出土的玉鑿大部分都裝在銅罍之中，而銅罍是古蜀國的重要禮器，據此可以認為，三星堆玉鑿應非實用工具，除了在宗教文化活動中用作儀仗外，還可作為祭品奉獻給神靈。

除了玉鑿之外，還有大量的玉斧、石斧、玉錛、石錛及玉斤等，大多也並沒有實用性，而成為象徵性的工具和禮器。

玉錛

第四章 雄渾壯闊的生命讚歌—古蜀人的信仰與藝術

玉斤

文物資訊

玉鑿

高20公分，寬1.9公分

三星堆一號祭祀坑出土

玉鑿器形細長，呈圓柱形，刃部似泥鰍頭狀，通體打磨，晶瑩剔透。

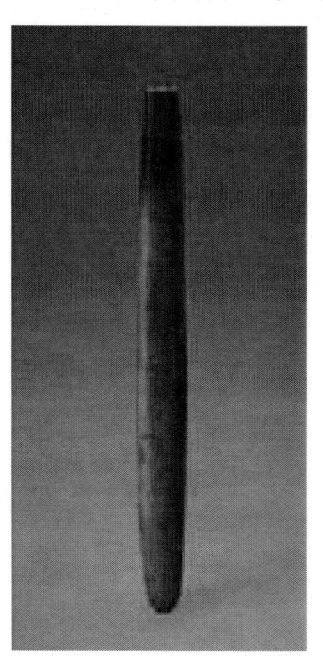

文物資訊

玉斧

高20公分，寬6公分

三星堆一號祭祀坑出土

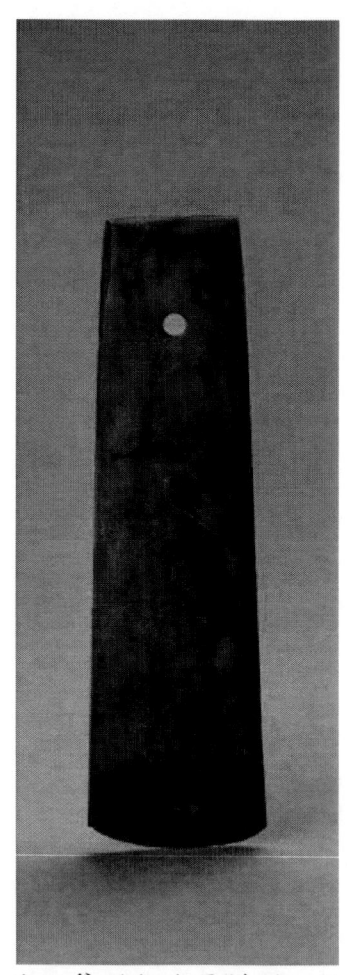

該玉斧形狀略呈梯形，刃部較寬，為單面弧形刃，器身兩側平直，端部呈方形，中部有一圓穿。

文物資訊

玉劍

殘長28.2公分，寬3.4公分

三星堆一號祭祀坑出土

該玉劍的前鋒殘斷，劍身呈竹葉片狀，劍身一面凸起，另一面兩側平，中間呈弧形下凹。扁莖無格，莖上有一圓穿。玉制的劍目前在全國僅此一件，彌足珍貴。

古代四川地區流行一種青銅短劍，因為形似柳葉而被稱為柳葉劍。過去曾認為它流行的時代較晚，或者認為它來源於其他地區，但三星堆這件3000多年前的玉劍的出土，使學術界有了新的認識。三星堆玉劍的形狀正與後來在四川地區廣為流行的青銅柳葉劍很相似，應是巴蜀式劍的「鼻祖」。也有的學者提出，柳葉劍的名字儘管叫了許多年，但它正確的名稱應該是竹葉劍，從這種劍的形狀看，確實更像竹葉，以四川地區遍地茂生竹林來看，也許古蜀先民造這種劍時就是受到了竹葉的啟發也未可知。

文物資訊

石矛

長15.4公分，寬4.3公分，厚1.4公分

三星堆遺址出土

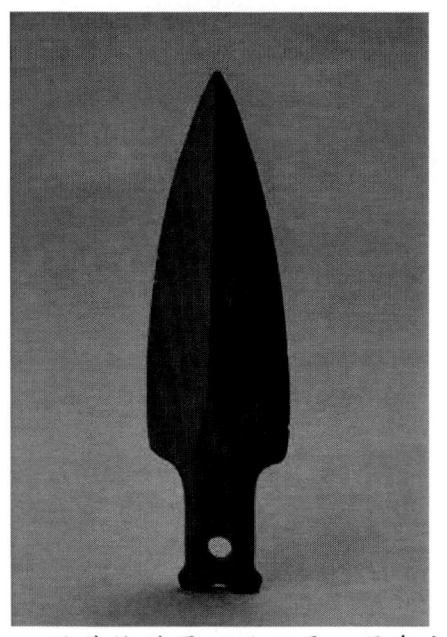

這件恍若墨玉的石矛，器身光潤，線條流暢，棱角分明，令人睹之而神爽。其選料考究而製作精美，並無兵器的淩厲冷峻之氣，而是呈現出美觀精良的工藝之美。

文物資訊

玉戈

通長37公分，寬9.4公分

三星堆一號祭祀坑出土

形體寬大，援呈三角形，前端及兩側斜收成前鋒和邊刃，援中部有一中脊直貫前鋒，中脊及刃部線條流暢，長方形的柄部中央有一圓穿，可能是用來固定的。通體打磨，冷峭犀利。玉戈的形制風格與殷墟婦好墓出土的玉戈接近，反映了兩地的文化交流。

第四章　雄渾壯闊的生命讚歌—古蜀人的信仰與藝術

　　三星堆遺址出土的玉石兵器類主要有劍、矛、戈等。

　　戈是三星堆玉石兵器中數量最大的一類器物，兩坑共出土玉戈39件、石戈37件。與中原同時期出土的玉戈相比，三星堆玉戈具有獨特的風格，如平刃戈、細三角形無脊弧刃戈等，都是三星堆獨有的器型。三星堆玉戈做工考究，製作精美，形體寬大，鋒刃犀利。三星堆玉石兵器上均未見有使用過的痕跡，說明並非實戰用的武器，而是在宗教儀式表演活動中用以壯其聲威的儀仗。

　　三星堆出土的某些玉戈器型較為罕見，有的前鋒呈平刃狀，有的兩側呈連弧狀的刃口，造型奇特，反映了某種特殊的制器觀念。三星堆出土玉戈的長度和形制之大也超出一般。著名的商代安陽殷墟婦好墓中出土的同類型的玉戈，最長者不過40餘公分，而三星堆遺址出土的兩件玉戈，最長的則達60多公分，這從一個側面反映出其所象徵的「高等級」。這種對大體量的祭祀禮儀用器的追求，一方面固然體現了古蜀製玉工藝技術的成熟，更重要的一方面則是反映了古蜀的文化觀念。

　　三星堆遺址出土的玉石器中，種類和數量最多的是玉戈和玉璋，它們構成了三星堆玉石器的主體，其文物價值和藝術價值都是很值得研究的。

文物資訊

玉戈

通長40公分，寬10.1公分

三星堆一號祭祀坑出土

該件玉戈形體寬大，援呈三角形，在援本部的兩面正中陰刻有長方形的幾何紋飾。全器呈黃褐色，上有流水狀紋理，色調明快，通體打磨，線條流暢，製作精美。

兵器和工具的玉制化和禮儀化，是三星堆晚期遺存的重要特點，標誌著等級觀念和宗教形態已滲入玉器中，使其成為祭祀工具或等級權力的象徵物。多種形制、多種用途的玉制兵器和工具的大量出現，反映出三星堆古蜀國已形成了較為完備的宗教禮儀制度。

延伸閱讀

三星堆遺址中出土的大量工具式玉器構成了三星堆文化玉石器的一個重要特徵。三星堆一、二號祭祀坑共出土工具類玉器111件，器形包括斧、斤、錛、鑿、鏟、磨玉等。其中又以玉鑿數量最多，共計77件。此外還有與工具類玉器相似的工具類石器40件。這種工具類器物在玉禮器中佔有重要地位的現象，同樣存在於巴蜀文化的青銅禮器之中。如新都戰國蜀王大墓腰坑出土的一組完整的188件青銅禮器中，就有工具類青銅器60件，包括斧、斤、曲頭斤、手鋸、雕刀、削（大小三套）、鑿（大小四套）等，而且整齊地分為12套，每套5件，器形完全相同。這種現象表明工具類器物在巴蜀文化禮儀制度中曾具有特殊的地位。

三、禮器

1．璋

璋是古代「禮南方」之器，主要用途是祭山。三星堆玉璋數量最大，尤以牙璋最富特色。璧、瑗、環也是三星堆玉石器中較多的種類，均為禮祭神天之器。璧制象天，正所謂「以蒼璧禮天」。琮象徵地母，正所謂「以黃琮禮地」。

延伸閱讀

玉之「六器」

中國素享「禮樂之邦」的美譽，禮樂文明是中華文明的底色，是中華傳

統文化的重要組成部分。「禮」起源於原始時代社會習俗與祭祀儀規,「樂」則與之相輔相成;禮樂文化是中華民族祖先進入文明社會的戛戛獨造,至西周而臻於完善。

　　周代是中國古代禮制至最興盛的時代。所謂禮制,就是從王侯到貧民在社會活動和日常生活中所遵循的行為規範。人們平時的衣食住行、婚嫁喪葬等均有嚴格的禮制約束。其禮制反映在用玉制度上,則是一系列的禮玉。禮玉,即禮儀玉器,顧名思義,是指古人在祭祀、朝會、交聘等禮儀場合使用的玉器。這些禮玉形制不同,用途各異,名稱繁多,其中最主要的是璧、琮、圭、璋、琥和璜六種,合稱為「六器」。「六器」,是中國古典玉器的核心部分。《周禮·春官·大宗伯》記載:「以玉作六器,以禮天地四方,以蒼璧禮天,以黃琮禮地,以青圭禮東方,以赤璋禮南方,以白琥禮西方,以玄璜禮北方」,古人以玉制六器,用以祭祀天地四方,其既是祈禱神靈的禮器,又被作為溝通天地人神的法器。此外,《周禮·大宗伯》還有「六瑞」之說:「以玉作六瑞,以等邦國:王執鎮圭,公執桓圭,侯執信圭,伯執躬圭,子執穀璧,男執蒲璧。」這是明確規定按人的身份、等級的不同而應持佩相應的玉器,不可僭越。作為「六瑞」,實際只涉及圭、璧兩種禮玉。

三星堆遺址出土最多的玉石禮器是玉璋，兩個祭祀坑共出土玉璋57件，另外在遺址內其他地點也零星出土了十來件玉璋。

三星堆遺址出土的玉璋大致分為三類：一類為邊璋，斜邊平口，略呈平行四邊形；一類為牙璋，呈長條狀，柄部有鋸齒狀扉棱，端部分芽開叉，該類器物在陝西神木石峁龍山文化、偃師二里頭文化遺址中均有發現，但以三星堆遺址出土的牙璋數量最多，製作最為精美；一類為魚形璋，璋的射部酷似魚的身體，射端呈叉口刃狀，宛如微張的魚嘴。魚形璋是蜀地特有的器型，目前僅見於三星堆遺址和金沙遺址。也有學者認為，魚形璋是牙璋的一種變體，其形狀似魚可能與傳說中的古蜀王魚鳧有關。

文物資訊

玉璋

通長 38.2 公分

三星堆一號祭祀坑出土

這件通魚形璋器身呈魚形，兩面各線刻有一牙璋圖案，在射端張開的「魚嘴」中，站著一隻鏤空的活靈活現的小鳥。魚鳥合體的主題，寓意深刻。該器製作精美，綜合運用了鏤刻、線刻、管鑽、拋光等多種工藝，還充分利用玉料的顏色漸變，隨形就勢以表現魚的背部與腹部，可謂匠心獨具、巧奪天工。一般認為，魚形玉璋很可能與古史傳說中古蜀王魚鳧有關。

第四章　雄渾壯闊的生命讚歌—古蜀人的信仰與藝術 | 169

文物資訊

玉璋

通長 25.2 公分，寬 7.2 公分

三星堆一號祭祀坑出土

玉璋射端分芽開叉，多齒狀扉棱向器身兩側充分展開，恍若張開的翅膀，極為美觀漂亮。

文物資訊

玉璋

通長 50.5 公分，寬 7.5 公分

三星堆二號祭祀坑出土

玉璋器身平直，射前端呈凹弧形雙面刃，射本部有三組對稱的齒飾，體現出精湛的加工工藝。

第一節　天地之靈—玉石器大觀

璋是我國古代最為重要的禮器之一，在所謂禮拜天地四方之中，璋被認為是用來「禮南方」的器物，一般認為它最主要的用途是祭山。三星堆二號祭祀坑出土了一件銅持璋跪坐人像，非常直觀地表現了璋在古代作為祭祀禮器的用途。三星堆二號祭祀坑出土的一件玉邊璋上的刻劃圖案，則更直接地表現了璋的祭祀主題。圖案分上下兩幅，正反相對呈對稱佈局，每幅圖案由五組構成：下方一組有兩座山，兩山外側各插有一枚牙璋；第二組是三個跪坐的人像，頭戴穹窿形帽，佩雙環相套的耳飾，身著無袖短裙，兩拳相抱，置於腹前；第三組是幾何形圖案；第四組又是兩座山，兩山中間有一略似船形的符號，兩山外側似有一人手握拳將拇指按捺在山腰；最上面的一組為三個並排站立的人像，人像頭戴平頂冠，佩鈴形耳飾，身著無袖短裙，雙手作與第二組人像相同的動作。從圖中的山、山側所插的璋以及作拜祭狀的人等情況分析，大體上可以推測該圖所表現的正是所謂「山陵之祭」的隆重祭祀場面，而以璋祭山的用途，也就彰顯無疑了。

文物資訊

「祭山圖」玉邊璋

通長 54.2 公分，寬 8.8 公分
三星堆二號祭祀坑出土

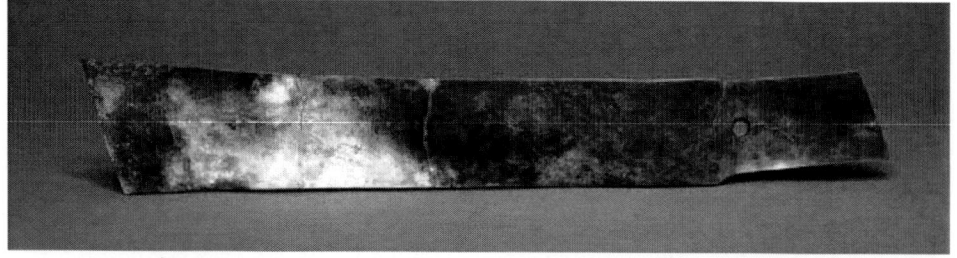

這件玉邊璋是三星堆玉器中最有代表性的極品文物。器身兩麵線刻有祭祀圖案，表現了莊嚴隆重的祭祀場面，為研究古蜀宗教祭祀禮儀提供了珍貴的資料。

銅持璋跪坐人像

玉邊璋所刻的紋飾構圖複雜而講究，風格奇詭精麗，其圖案的內涵是公認的又一個「三星堆之謎」。它給人們帶來了許多疑問，如下層跪著的人和上層站著的人是什麼關係？是否就是表示人間與神界的某種關係？他們是誰？他們在做什麼？圖像中懸空的不規則幾何形又是表現的什麼呢？可以說，三星堆文物的神秘性在這件玉邊璋上得到了充分體現。

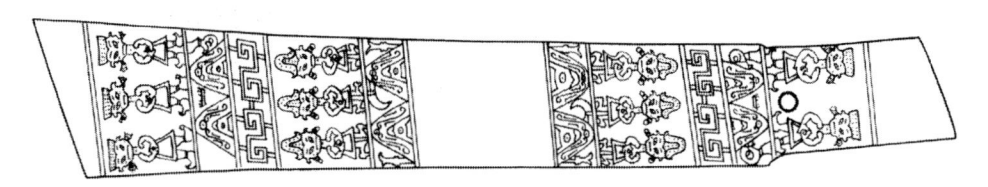

「祭山圖」玉邊璋線圖

文物資訊

__玉璋__

長達 1.59 公尺，寬 22 公分，厚僅有 1.8 公分

三星堆遺址出土

三星堆出土的邊璋較多，以這件最大，兩端還有殘損，估計原來長度還應該增加幾十公分，器身鏤刻精美工細的紋飾。這件碩大的玉邊璋，堪稱「邊璋之王」。

玉牙璋是古蜀一種較為重要的禮器，反映了古蜀人獨特的文化觀念。在夏代或商代早期，中原玉牙璋傳播到蜀地，一直流行到商代晚期。在此漫長的歷史過程中，蜀國玉工不斷地仿造玉牙璋，並加入了本土的文化因數與藝術風格，形成了具有強烈古蜀色彩的蜀式玉牙璋。

在出土的大量造型各異、精絕美奐的玉牙璋中，有一件特別突出，被定為國寶級文物。首先，這件玉牙璋通長 90.8 公分，寬 7.8 公分，是三星堆遺址出土的玉牙璋中最大的一件。其次，該器物通體漆黑，既長且大，兩射尖內收成鋒刃狀，經打磨拋光、閃閃發亮。再次，器身極薄，厚度僅 0.6 公分，堪稱三星堆所出玉器中製作難度最大，而且最為精美的器物。

三星堆出土玉器數量之多，品類之豐，製作工藝之精湛，製作工序之繁複，足以證明當時古蜀玉石器加工製作業的繁榮。

延伸閱讀

弄璋

漢族民間對生男的古稱，始見周代詩歌中。古人把璋給男孩玩，希望他將來有玉一樣的品德。舊時常用以祝賀人家生男孩。

三星堆遺址出土玉牙璋

三星堆遺址出土玉牙璋

2．璧、琮

璧和琮是中國古代最重要的祭祀禮器，是古人宇宙觀的實物體現，是溝通天地、連接人神的重要工具。

璧是一種扁平圓形、正中有孔的器物，早在新石器時代已經開始出現並延續不斷。和氏璧和完璧歸趙的故事幾乎家喻戶曉，可見玉璧對現在仍有很深的影響。

三星堆遺址出土的二十來件玉璧形器，根據肉（邊郭）徑與好（孔）徑的關係，考古工作者將其命名為璧、瑗和環，事實上這三類玉石器在形制上很難截然區分開，可能與當時製作這類玉器的管鑽工具有關，其功能應是一致的。在這裡先區別一下璧、瑗和環的形制。《爾雅·釋器》說：「肉倍好謂之璧，好倍肉謂之瑗，肉好若一謂之環。」、「肉」指玉質實體部分，「好」指中間的孔徑空心部分。古代對這三種玉器的解釋是：內孔徑小於玉質部分的稱為璧；內孔徑大於玉質部分的稱為瑗；內孔徑與玉質部分相符的稱為環。但從出土的實物看，肉和好的比例並不規則，而是各種比例都有。1983 年，夏鼐先生指出「環和瑗，實際上也是璧」，並建議「把三者總稱為璧環類或簡稱為璧類，瑗字在古玉名稱中今後可以放棄不用」。所以，一般把內孔較小的稱為璧，內孔較大的稱為環，而玉瑗這個名稱較少使用。

一些璧形器的好緣凸起，具有鮮明的地域特色。一號祭祀坑還出土了一種形狀為不規則的橢圓形，中有圓孔，孔緣凸起的器物，我們將其命名為戚形璧，這種器型目前僅見於三星堆，其功用尚不清楚。

玉璧是「六器」中出現最早、使用時間最長的一種禮玉。在中國古代祭祀儀式中，也是最重要的禮器之一。這種圓形而中央有孔的玉器，在古代人心目中是天蓋的象徵，璧的造型蘊含了古代「天圓」的宇宙觀念，用以象徵太陽和天宇，因此《周禮》有「蒼璧禮天」的記載，古人將其列為「六器」之首，用以祭天。

第四章　雄渾壯闊的生命讚歌—古蜀人的信仰與藝術 | 177

　　三星堆出土的玉璧、玉瑗和玉環，不僅選料考究，而且製作工藝精湛，如許多玉璧和玉瑗的玉質呈碧綠色，觀之通透瑩潤，呈現出一種冷逸清泠之美，加以器身有因精心旋轉製作時留下的同心弦紋，更顯出細膩宛秀之風。許多質地明潔的玉環上都特別開有很小的方孔，顯得工細雅致，小孔可能用於穿繩繫帶，在如此薄的玉環器身上切割出極小的方孔，其難度可想而知。

文物資訊

玉璧

外徑17.8公分，孔徑6.7公分
三星堆二號祭祀坑出土

玉璧面平，上有數同心圓陰線紋，各組同心圓之間的距離相等，顯然經過精確的計算，陰線紋線條均勻流暢，表現出極其高超的治玉技術。

文物資訊

玉戚形璧（K1:204）

長20.8，寬9.3，孔徑3.3公分
三星堆一號祭祀坑出土

玉戚形璧器形長而薄，兩端呈圓弧形，一端寬，一端窄，中間有一圓孔，孔壁高高凸起，這是三星堆特有的器型，因形似古代的一種兵器——戚，故命名為戚形璧。也有學者認為，這是一種玉制的農具，稱其為「玉鋤」。

178 | 第一節　天地之靈─玉石器大觀

玉瑗

玉環

大石璧

三星堆出土的石璧有大有小，大的直徑十多公分，小的直徑只有兩三公分，可以將它們從大到小依次迭放，漸變排列，謹而有序。特別是有一組石璧出土時發現，它們在坑中是從大到小疊置如石筍一般。璧的主要功能是祭天，疊置如石筍可能是象徵著群巒山峰，強化了璧的通天的功能。在三星堆璧形器中，最大的一件是被譽為「石璧之最」的大石璧。該石璧的直徑有70多公分，厚近7公分，重達百斤，形如一口水井的蓋子，石璧中部有採用管鑽法掏成的圓孔，上面也有明顯弦紋，如此碩大體量的石璧實屬罕見，製作這樣一件大石璧的實屬不易。這件大石璧的來歷也有些特殊，是1929年燕家院子出土的眾多玉石器中的一件，因而其在三星堆文物中別具紀念意義。考古人員還發現了一個有趣的現象，有些紡輪之類的生活用具，是從石璧中間去下來的石芯加工而成的，真可謂是物盡其用了。

石璧

總的來說，三星堆璧、瑗和環的選料精良，製作精細，以及或碩大無朋的體量，或可按大小漸變疊置的成套組合等，都深刻地反映出古蜀人對璧這種禮器的重視和尊崇，可以窺見先民對「天」的虔敬、對相應禮儀的遵奉和他們明淨而深沉的精神世界。

　　隨著時代的變遷，璧的應用範圍也越來越廣泛，它不僅可以作為權利等級的標誌，既可以佩戴也可以隨葬，同時又是社會交往中的饋贈品和信物。即使到了後世，民間百姓仍然將它作為吉祥福瑞的物品而佩戴或珍藏。

第四章　雄渾壯闊的生命讚歌—古蜀人的信仰與藝術 | 181

　　琮跟璧一樣，也是古代祭祀活動中最重要的禮器之一，《周禮》有「蒼璧禮天，黃琮禮地」的記載。琮的形狀為外方內圓，中央為圓筒狀，外周呈正四方或鈍角四方形，形似一中空圓筒套在方柱中。按文獻記載，琮的方形應是象徵大地，《周禮·春官·大宗伯》說「以黃琮禮地」，黃色正是象土，因此琮的最重要文化功能是用於祭地。但也有學者根據琮的形制，並結合古代文獻記載，認為琮不僅僅是用於祭地，而應該是貫通天地的重要禮器，琮制內圓外方而中間貫通正是寓意天圓地方、天地相通。

　　琮的出現也很古遠，最早的玉琮見於距今約 5100 年的安徽潛山薛家崗第三期文化。至新石器時代晚期，玉琮在江浙一帶的良渚文化、廣東石峽文化以及山西陶寺文化中大量出現，其中尤以良渚文化的玉琮最為發達，出土與傳世的數量也很多。三星堆遺址出土的琮並不多，目前可以確定的僅有三件，形體偏小，造型簡潔。有學者認為，青銅大立人像的環握中空的手型原應握有溝通天地的法器，據手型的形狀，可能是握琮，雖未得到證實，但可為我們索考琮的用法提供一種思路。

延伸閱讀

　　玉（石）璧是三星堆遺址一種具有特殊地位的器物。這種器物不僅出土於器物坑中，而且大量發現於遺址地層之內；不僅數量眾多，而且經常是大小相遞的成組列璧，還出有各式各樣的半成品，說明它是三星堆時期本地製作、頻繁使用的一種重要器物。關於玉（石）璧的用途，過去曾有「貨幣」、「衡權（法碼）」、「財富」、「禮器」等說法。從三星堆遺址的燕家院子、倉包包、鹽亭麻秧等器物坑列璧的數量和出土情況分析，三星堆文化玉（石）璧作為祭祀禮器使用的可能性更大一些。正因為三星堆時期經常舉行祭祀活動的需要，在三星堆古城內外才出現許多製作玉石器並遺存下來大量半成品的遺址。

文物資訊

玉琮

高 7.25 公分，寬 8.4 公分，內徑 7.05

三星堆遺址採集

　　玉琮呈黃綠色、半透明，器身外方內圓，中空呈短筒形，兩端凸出的射部較矮呈環狀，外邊四方轉角圓渾，每方外壁陰刻平行分隔號 2 條，轉角處上中下陰刻平行橫線 3 組 5 條，與四方的分隔號相交。此器為 1929 年燕道誠挖水溝時發現的一件器物，1951 年由燕道誠之子捐贈給廣漢縣人民政府。

第二節　金色輝煌 —— 金杖、戴金面人頭像、金面罩

　　黃金製品在古蜀文化中佔有極高的地位，三星堆金器多屬作為權力的象徵用於隆儀、祭典的重器，這與北方地區僅以黃金作為裝飾品，中原地區以銅為重的價值觀念完全不同。如金杖和金面罩，不僅代表了權力和地位，而且具有濃郁的神巫文化色彩。金杖、金面罩等文化形式較為接近西亞近東文明，有學者認為這是古代蜀人在採借吸收了西亞近東文明的類似文化因素基礎上，再按照自身的文化傳統加以改造創新而成的。由此推測，商代中國西南地區與古代南亞、中亞和西亞地區之間已存在文化交流。

延伸閱讀

　　中國是最早發現並利用黃金的國家之一。黃金多以生金（即自然金）的形態存在。我國古代將黃金礦一般分為砂金和山金兩種類型，砂金分為水沙淘洗和掘井開採的兩種砂金，山金有殘積。坡積砂金礦床、古砂金礦床和脈金等三種。黃金與銅相比，熔點低於純銅而高於青銅，不怕氧化，不溶於酸堿，易於加工，其光澤也更加迷人。

　　在古代文獻中，有關中國新石器時代的黃金製品的記載闕如。迄今為止，考古學上也尚未發現此期的實物資料。1976年，甘肅玉門火燒溝遺址的墓葬中出土的年代大致與夏同時的黃金製品「鼻飲」、金耳環應是目前所見最早的一例。

　　中國古代盛產黃金的地方主要集中在青藏高原的東部地區。其中，著名的產金地有三處：一是麗水地區，地域為現在四川省的西部雅礱江與安寧河之間；一是在雲南的金寶山、三面山一帶（今橫斷山脈的怒江、瀾滄江流域）；另一處是西藏地區。這三地的黃金在西元前7世紀之前均已被開發出來。

第二節　金色輝煌──金杖、戴金面人頭像、金面罩

載籍有古蜀多金的記載，古麗水地區在古蜀國的統轄範圍內，那麼三星堆古蜀國製作金器所用黃金原料的主要來源是否與麗水有關呢？無論如何，三星堆兩坑出土黃金製品向人們證實了古代文獻中關於古蜀有金、銀、銅之饒的說法並非向壁虛構。

一、王者之器 ── 金杖

考古材料表明，在我國以河南殷墟為代表的商代遺址和墓葬中，所出土的黃金製品大多是經過錘打的不定的單個飾件，而三星堆祭祀坑出土的黃金製品不僅數量多，形體大，且多是定型之制，其所具有的歷史文化價值由此凸顯。

在三星堆一號祭祀坑出土的這件金杖，全長1.42公尺，直徑2.3公分，淨重約500克，是用金條捶打成金皮後，再包卷在木杖上；出土時尚見金皮內殘留的炭化木渣。在金杖一端長約46公分的紋飾圖案極為珍貴。圖案共有三組：靠近端頭的一組，合觀為兩個前後對稱，頭戴五齒巫冠，耳飾三角形耳墜的人頭像，笑容可掬；另外兩組圖案相同，其上下方分別皆是兩背相對的鳥與魚，在鳥的頸部和魚的頭部疊壓著一支箭狀物（或謂「穗形物」）。這圖案究竟表現的是何種內容？是古蜀族圖騰、族徽的銘記？還是是希冀通過巫術作用而捕魚成功的漁獵祈禱圖？還是描繪勝利者的功績，或記述某件關係國家命運的大事？

> **文物資訊**
>
> 金杖
>
> 全長1.42公尺，直徑2.3公分，淨重約500克
>
> 三星堆遺址一號祭祀坑出土

金杖或是至高無上的權威標誌，即王杖權杖，是王杖的象徵？或是大巫師手中的魔杖法杖，是神權的象徵？或是集神權與王權於一體的政教合一體制下的王者之器？

　　首先，關於這幅魚鳥圖的解釋。按照一些學者的理解，金杖上魚鳥「合一」的圖像很可能與魚鳧王朝有關。古史傳說記載，第三代蜀王名叫魚鳧（魚鳧王朝是古蜀盛行鳥崇拜的王朝之一）。魚鳧是一種善於捕魚的水鳥，也即魚鷹，四川民間俗稱為「魚老鴰」。魚鳧，實際指以這種水鳥為族名的部族，反映了這是一支以魚獵為最早的主要經濟生活手段的部族。

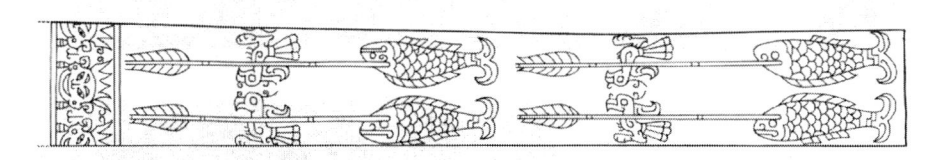

三星堆金杖線描圖

　　有據與此，則有觀點認為，該金杖上的圖案表現的是，分別以魚和鳥為祖神標誌的兩個部族聯盟而形成了魚鳧王朝，圖案中的「魚」、「鳥」就是魚鳧的圖像表徵，也就是魚鳧王朝的徽號、標誌。

　　另有一種說法認為，魚能潛淵，鳥能飛天，金杖上的魚鳥圖象徵著上天入地的功能，是蜀王藉以通神的法器。

　　還有專家認為，金杖杖身上端的三組人、魚、鳥圖案說明，金杖既被賦予著人世間的王權，又被賦予著宗教的神權，它本身既是王權，又是神權，是政教合一的象徵和標誌。

　　杖用純金皮包卷，而黃金自古就被視為稀世珍寶，其價值遠在青銅和玉石之上，使用黃金製成權杖體現出對社會財富的佔有，象徵著經濟上的壟斷權力。所以說，三星堆金杖有著多種特權複合性的象徵意義，標誌著王權（政治權力）、神權（宗教權力）和財富壟斷權（經濟權力）。這三種特權的同時具備，集中賦予一杖，就象徵著蜀王所居的最高統治地位。

第二節 金色輝煌—金杖、戴金面人頭像、金面罩

其次，關於金杖的性質。關於金杖的性質，則有「王杖說」、「法杖說」、「祭杖說」及祈求部族或王國興盛的「法器」說等。多數學者傾向於認為，金杖是古蜀國政教合一體制下的「王者之器」，象徵著王權與神權。據古文獻記載，中國夏、商、周三代王朝均以九鼎作為國家權力的最高象徵，而古蜀王國正好是用杖不用鼎。在有關古代蜀人史跡的文獻材料中，絲毫沒有用鼎的片言隻字記載。在考古學文化上，商代古蜀文化的器物形制，例如陶器，是以小平底罐、尖底罐、高柄豆、鳥頭把勺等為基本組合的，明顯地區別以鼎、鬲、甗等三足器為基本組合特徵的中原商文化。這些現象足以表明，古代蜀人無論在觀念還是實際政治生活中，絕未把鼎當作權力與財富的象徵，充分反映出古蜀與中原王朝之間文化內涵的差異，顯示出古蜀國濃厚的神權色彩和地域特色。

青銅大鳥頭

金杖上的大巫師形象（線描）

在地中海沿岸的古希臘文明、古埃及文明、古巴比倫文明以及在西亞文明中，均有以杖形物作為神權、王權等最高權力象徵的文化現象。如古巴比倫文明的漢謨拉比法典石碑上部浮雕圖像，表現的就是太陽神沙瑪什正在向

第四章　雄渾壯闊的生命讚歌—古蜀人的信仰與藝術 | 187

漢謨拉比國王授予象徵至高無上的神權、王權的「神杖」。三星堆出土的金杖，與西亞、埃及及較晚時期的權杖相似，屬於細長類型。值得注意的是，近東權杖的一個特點是在杖首和杖身頭部裝飾圖案以描繪勝利者的功績，或記述某件關乎國家命運的大事。無獨有偶，三星堆金杖同樣在杖身上端刻有平雕圖案，內容也同樣與國家權力有關。從地理因素上看，悠悠南絲路鑿空萬里，很難排除古代蜀國與西亞、近東彼此之間的文化交流和文化滲透。從歷史上看，在古蜀王國本土和商代中國沒有使用權杖的文化傳統，那麼，三星堆金杖是否是通過某種途徑，吸收了近東權杖的文化因素而製成的呢？由於目前缺乏有力的考古學證據，尚難作出確切的回答。我們只有拭目以待，希望將來相關的考古發現能真正揭開「金杖」之謎了。

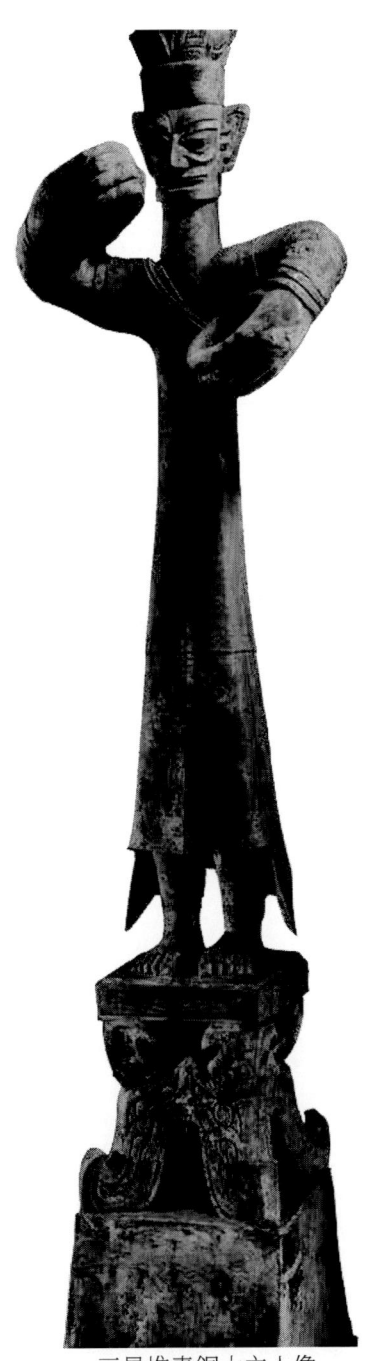

三星堆青銅大立人像

第二節　金色輝煌—金杖、戴金面人頭像、金面罩

文物資訊

戴金面罩青銅人頭像

頭縱徑 14.5 公分，橫徑 12.6 公分，高 42.5 公分，寬 20.5 公分

三星堆遺址二號祭祀坑出土

延伸閱讀

權杖起源於西亞歐貝德文化第 4 期，年代約為西元前 4000 年。在以色列的比爾謝巴，發現了西元前 3300 年的銅權杖首。在死海西岸以南恩格迪的一個洞穴窖藏中，發現銅權杖首 240 枚、杖首 80 枚。青銅時代美索不達米亞用權杖標誌神權和王權的傳統，在當時的石刻、雕塑和繪畫等藝術品中比比可見。

二、金面使者 —— 戴金面罩青銅人頭像

　　三星堆兩個祭祀坑共出土了銅人頭像50多件，戴金面罩的銅人頭像卻只在二號祭祀坑內發現了4件，其中兩件為平頭頂，兩件為圓頭頂，造型均與兩坑內未戴金面罩的同類銅人頭像相同，大小與真人比例相仿。人頭像所戴金面罩是用金塊捶拓成金皮，然後依照人頭像造型，上齊額，下包頤，左右兩側罩耳，而人頭像眼眉部分則鏤空露出銅本質，面罩與人頭像採用生漆調和石灰作為黏和劑。整件人頭像金光閃閃，仿佛人頭像中的將帥首領，氣宇軒昂，高貴不凡。

　　古埃及、希臘出土的黃金面罩，約於西元前14世紀。出土時，黃金面罩罩於人體臉部，其主要功能在於保護和再現死者的面孔，體現出古代西方人對祖先的崇拜和嚴格的等級觀念，帶有濃厚的宗教色彩。三星堆出土的黃金面罩與古埃及、希臘有所不同，它不僅施於臉上，而且緊緊黏貼於青銅頭像面部，反映的很可能是古蜀人對神靈的重視及等級觀念。

　　三星堆青銅人頭像上包貼金面罩，說明當時的古蜀人已視黃金為尊。但作為常設於宗廟的祭祀神像，在其面部飾以黃金，目的當並非僅僅為了美觀，應是在宗教祭祀活動中具有特定的功用。金面罩或用為娛神以使神更加靈驗？金面罩戴於人像上所表徵的人像身份或與中國古代文獻所謂「黃金四目」、具有驅邪卻鬼之能力的「方相氏」有關？……這其中的未解之謎只能有待後人來解答。

　　三星堆出土的人頭像中，有王者形象，有有武士形象，也有雙手反縛跪立的奴隸形象，表現了不同階層的分劃，說明古蜀國當時已有了嚴格的等級制度。金杖象徵王權及神權，代表統治者。金面罩施於極少數銅人頭像，應是蜀族的少數顯貴。這些不僅證明了古蜀國不僅存在森嚴的等級制度，也是古蜀國已進入文明社會的重要實物佐證。

文物資訊

<u>戴金面罩青銅人頭像</u>

長 23 公分,高 51.6 公分,寬 19.6 公分,頭縱徑 17.6 公分,橫徑 15 公分

三星堆遺址二號祭祀坑出土

三、金光熠熠 —— 金面罩

金面罩共出土 6 件，除兩件單個的金面罩，另有四件戴金面罩的青銅人頭像。單個的金面罩出土時皺成一團，有的已經殘破斷裂，但我們還能看出它的形貌是鼻部呈三角形凸起，雙眉雙眼鏤空，面罩周圍向內折起像是有意團過邊的。

金面罩是用金皮錘拓而成，依頭像造型上齊額，下包頦，兩邊罩耳，耳垂穿孔，眼、眉鏤空露出。從金面罩的形狀大小和製作工藝來看，它與金面銅頭像上的金面罩模樣相同，估計這些金面罩還是有相應的青銅人頭像相配的。但是，我們現在已經無法知道這些金面罩應各自歸於哪位銅頭像「主人」所有了。

文物資訊

金面罩

殘長 21.5 公分，寬 11 公分，高 4 公分
三星堆遺址一號祭祀坑出土

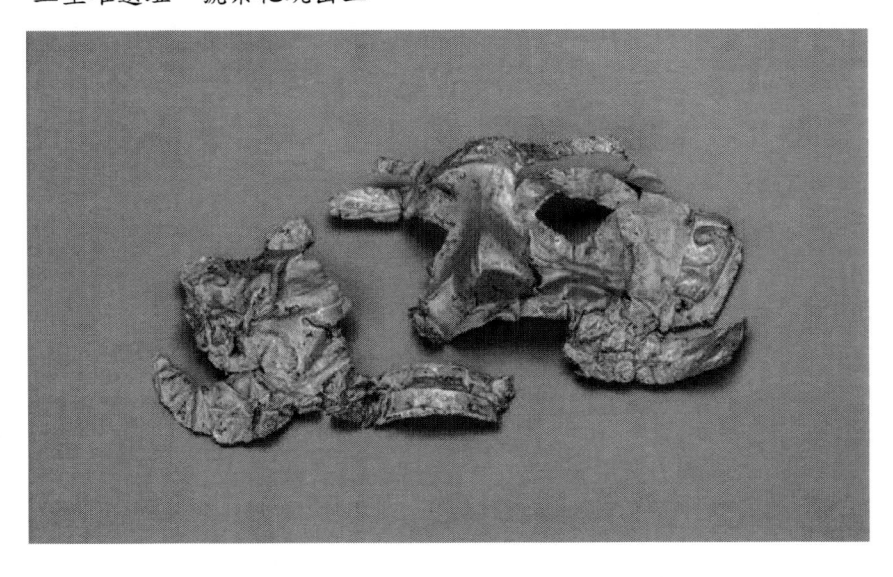

世界上最早的金面罩發現於美索不達米亞，在烏魯克文化期娜娜女神廟的大理石頭像上曾覆有金箔或銅箔。此外，西亞藝術中的許多雕像也都飾有金箔，埃及圖坦卡蒙王陵內的黃金面具，希臘邁錫尼國王的金面罩。三星堆出土的金面罩與古希臘、古埃及等地區的金面罩外形很相似，據此，有學者推測商代中國西南地區與古代中、西亞地區之間可能已存在文化交流，古蜀人充分吸收、改造外來文化並加以創新，從而製作出了宜於古蜀禮儀文化的金面罩。不論中西方，用珍貴的黃金貼在神像臉部，既體現了人們對神靈的崇敬之情，也是為了
讓神像顯得神聖美觀、倍增其神秘權威之感。

文物資訊

金面罩

長 26.5 公分，寬 10 公分，高 2.6 公分

三星堆遺址二號祭祀坑出土

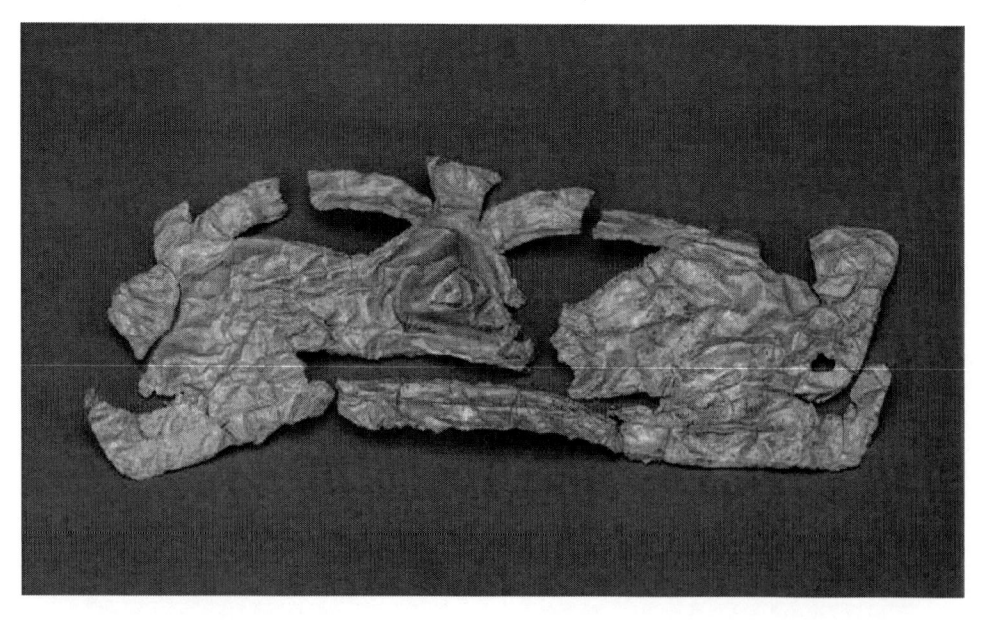

第三節　通天神樹 —— 古蜀人智慧與精神的象徵

　　三星堆二號祭祀坑共出土 6 株青銅樹（小神樹殘件可分為 4 個個體），均被砸爛並經火燎，大多殘缺不全，其中以修復後的一號銅神樹體量最大、造型最複雜且最具代表性。目前，可大致瞭解構型特徵的，尚有兩株中小型銅樹，以及銅樹座、銅樹枝、銅花果、銅鳥等局部構件。這幾株青銅樹造型各異，應有各自的特定涵義和特定的施用場合，它們與中國古史傳說中東方的扶桑、中央的建木、西方的若木等神樹有著極為密切的聯繫。三星堆青銅樹是古蜀人神話宇宙觀具象化的物質載體，是常設於宗廟並適時施用於相應隆儀的通天神器。

一、天地之中 —— 青銅神樹

　　在古蜀人的眼中，高達 3.95 公尺的巨大青銅神樹，被賦予了強烈的神巫文化色彩，具有獨特而重要的儀式功能。

　　這件青銅神樹是三星堆二號祭祀坑出土的幾株青銅神樹中體量最大、造型最精美繁複的一件，同時也是在迄今為止所見全世界範圍內體量最大的青銅文物之一。該銅樹由底座、樹和龍三部分組成，採用分段鑄造法鑄造，使用了套鑄、鉚鑄、嵌鑄等工藝，通高 3.96 公尺，樹幹頂部及龍身後段略有殘缺。樹呈圓錐狀，三山相連，鑄有象徵太陽的「☉」紋和雲氣紋。樹幹鑄於山頂正中，上有三叢樹枝，每叢又分三枝，共九枝。每枝上有三枚桃狀果實，兩果枝下垂，另一果枝向上且立有一鳥，全樹共二十七枚果實和九隻鳥，樹側有一條緣樹透迤而下的「馬面」龍，頭上有大小不等一對犄角，身上有刀狀羽翼，前爪匍匐於樹座，後爪像「佛手」，整條龍造型怪異詭譎，莫可名狀。

從現代美學角度看，神樹造型獨特，佈局嚴謹，比例適宜，對稱中有變化，變化中求均衡。神樹採用了多種鑄造工藝，由多段多節組合而成，整體顯得一體渾成，妙造自然，巧奪天工。造型藝術的美通過古代匠師爐火純青的技藝被發揮到了極致，堪稱青銅鑄造的曠世神品。

在震撼和驚歎之餘，也許大家不禁要問，這件國之瑰寶究竟作何用途呢？這裡，先看看在我國古代神話傳說關於神樹的傳說故事，《山海經》《淮南子》等古籍中有不少記載。

傳說中，神樹是古人心目中日神的神聖場所，是探尋宇宙和溝通人神的神奇媒介，最具代表性的是東方的扶桑、中央的建木和西方的若木。

首先來說扶桑。根據古籍的記載，我們可以瞭解到，在東海的盡頭有一個名叫湯穀的地方，生長了一棵叫扶桑的神樹，扶桑樹上有10個太陽，「九日居下枝，

文物資訊

Ⅰ號大型銅神樹

1986年三星堆遺址二號祭祀坑出土

樹幹殘高359公分，通高395公分

一日居上枝」。在我國遠古神話中，天上的太陽共有 10 個，都是帝俊和羲和的兒子，湯谷是羲和給 10 個太陽兒子沐浴的地方。《山海經・大荒南經》對此有一段記述：「東南海之外，甘水之間，有羲和之國。有女子名曰羲和，方日浴于甘淵。羲和者，帝俊之妻，生十日。」羲和所生的 10 個太陽每天輪流上天值班，一個在天上，其餘的 9 個就棲息在扶桑樹上。

延伸閱讀

十日神話

傳說中，十日是帝俊與羲和的兒子，它們既有人與神的特徵，又是金烏的化身，是長有三足的踆烏，是會飛翔的太陽神鳥。它們每天早晨輪流從東方扶桑神樹上升起，化為金烏或太陽神鳥在空中由東向西飛翔，到了晚上便落在西方若木神樹上。「十日神話」表達了古代的人們對日出日落現象的觀察和感受。

《山海經》記述的「羲和浴日」是中國非常著名的十日神話，這神話後還與一個叫後羿的人產生了聯繫。據說有段時間不知什麼原因，10 個太陽一起跑到天上去了，這一下，大地上的人們和萬物就遭殃了，10 個太陽像十個火團，他們一起放出的熱量烤焦了大地。這時，有個年輕英俊的英雄叫作後羿，他是個神箭手，箭法超群。他看到人們生活在苦難中，為了幫助人們脫離苦海，拉開了萬斤力弓弩，搭上千斤重利箭，射掉了多餘的 9 個太陽。

其次說建木。《山海經》中記載：「有木，其狀如牛，引之有皮，若纓、黃蛇。其葉如羅，其實如欒，其木若蓲，其名曰建木。」在「都廣之野」這個地方，有一棵神樹叫建木，是一顆盤根錯節、極其茂盛的通天神樹，它拔地而起，直上九霄，長滿了層層疊疊的果實和樹葉，其上還有神異的黃蛇（龍）。它生長的位置恰好處在天地的正中央，天上的眾神便通過這樹上天下地。在古人心目中，神靈大多居住在高不可及的天際。想上天去和神溝通、

交往，想去探索神秘的宇宙，在先民眼裡離天最近的就是樹和山。

再說若木。《淮南子·地形訓》中記載：「若木在建木西，末有十日，其華照下地。」意思就是，在天地的最西極生長著一棵叫作若木的神樹，樹上也有 10 個太陽，其光華普照大地。

古代神話傳說中的這三株神樹代表著古人的世界觀和宇宙觀。古人認為天圓地方，大地是一塊平面，上面有弧形的如同蓋子一樣的天，這就是古代最為盛行的「蓋天說」。從東邊到西極就是整個天際，古代中國人以東方扶桑、中央建木、西方若木為三個主要座標，構造了一個以神話形式出現的宇宙觀念。

那麼，三星堆的神樹又代表和象徵著什麼？和傳說中的神樹有什麼關係呢？

首先，一般認為，銅樹反映了十日神話，與傳說中的扶桑、建木、若木等神樹極有關係。三星堆神樹的形象符合扶桑和若木這兩株神樹「上有十日」這一最為顯著的特徵，它的三層九枝及其枝頭的九隻神鳥，正是金烏即太陽的寫照。其樹頂無鳥，應是表現一個太陽正在天上「值班」。

其次，三星堆神樹也具有「建木」的特徵和功能。建木是溝通天地人神的橋樑，神人們都是通過這一神聖的登天之梯上下往來於人間天上。《山海經》中記載，建木生長在「天地之中一個叫「都廣」的地方。明代學者楊慎《山海經補注》說：「黑水都廣，今之成都也。」所謂「都廣之野」，其所在的位置恰好是古史神話傳說中所謂「天地之中」的成都平原。「天地之中」意思就是「世界中心」，表徵這是一株挺立於大地中心的神樹，神樹作為通天之梯是溝通天地人寰的仲介，神樹上的龍則是巫師和神人自由上下的駕乘。試看三星堆神樹，它和建木一樣長滿了天花地果，特別值得注意的是，樹上也有「黃蛇」——那條奇異詭譎、令人匪夷所思的「馬面龍」。

中國古代神話中傳說有許多神樹，其中尤以上述東方扶桑、中央建木和西方若木最具代表性。但這些神樹僅見於古籍的記載，幾千年來並沒有

銅神樹上的立鳥

延伸閱讀

在我國古代，人們祭祀朝拜太陽（太陽神）的典禮是非常隆重的。在商代的甲骨文中就有「乙巳卜，王賓日」的直接記載。所謂的「賓日」，就是商王親自祭日的一種典禮。甲骨文中還有不少「入日」、「出日」這類記載。這裡的「出日」、「入日」，便是古代每年春季、秋季特定日期旦暮之際的迎「日出」、送「日入」的禮拜儀式。

太陽是世界各民族神話中最具有普遍性的意象。太陽能給人類帶來光明和溫暖，使農牧業得以發展，所以我國古代先民十分重視對於太陽的多角度觀察。太陽崇拜，作為一種原始宗教，源於先民對於自然世界的理解與親近。太陽照耀地球，蔭護人類，給人類以無限的遐想。人們敬仰太陽，歌頌太陽，祈禱太陽，創造出很多美麗動人的太陽神話。所以說，人類所塑造出的最早的神是太陽神，最早的崇拜形式是太陽崇拜。太陽神話是一切神話的核心，一切神話都是由太陽神話派生出來的。

世界上的太陽崇拜有五大發源地：中國、印度、埃及、希臘和南美的瑪雅帝國。

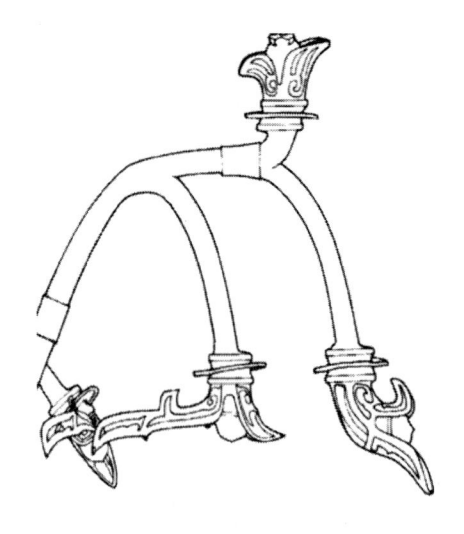

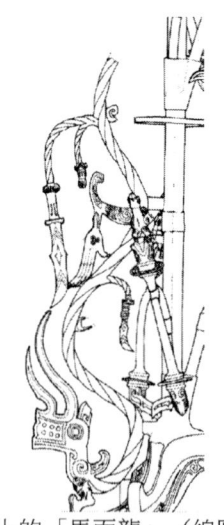

神樹上的花朵（線圖）　　　　　　神樹上的「馬面龍」（線圖）

第四章　雄渾壯闊的生命讚歌─古蜀人的信仰與藝術 | 199

發現體現神樹意韻的實物佐證。直到三星堆二號祭祀坑出土了數件青銅神樹，才讓人們直觀地瞭解到先民的神話宇宙觀。這裡，我們再來欣賞一下Ⅱ號神樹。

文物資訊

Ⅱ號銅神樹

底座直徑 54.8 公分，樹幹殘高 142 公分，通高 193.6 公分

1986 年三星堆遺址二號祭祀坑出土

樹座為山形，座頂連接樹身。山形座象徵古蜀巫教文化觀念中的神山，即古蜀人的祖庭聖地──岷山，意在表明神樹是神巫往返天上人間的「天梯」。山形座上鑄飾太陽紋和雲氣紋。座圈的三面各鑄有一方台，上面有跪坐人像，人像雙手不知握有何種法器。估計此樹原高度也在兩公尺以上。

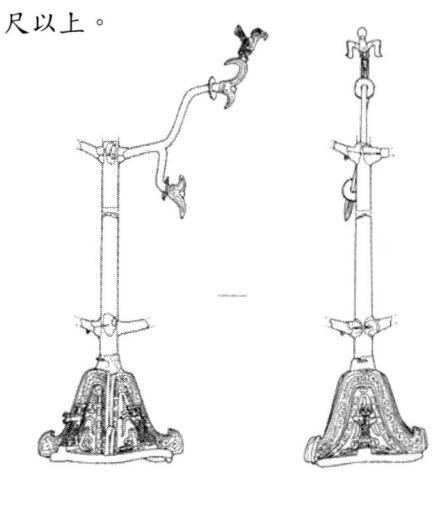

II號神樹，殘高2公尺左右，結構與I號神樹相似，喇叭形的底座象徵神山，三方各鑄有一個平臺，平臺上有一個跪座人像，人像手呈抱握狀，可能表現的是巫師祭祀神山和神樹，作法登天的情景。樹幹上套著「璧形器」，古史有「蒼璧禮天」之說，樹上套璧，更強調了神樹「通天」的功能。在II號神樹的樹枝上，還鑄有很多銅環鈕，可能當初神樹上還掛滿了各種裝飾品，如我們在前面介紹過的銅鈴、銅掛飾、金箔等。數千年前，古人鑄造出如此高大的青銅樹，再掛上各種裝飾品，是何等的輝煌壯美！

　　三星堆祭祀坑還出土了其他幾株神樹殘件，雖然不完整，但同樣可以看出它們造型的精美神異，如可以和古代神話中扶桑樹相聯繫的辮繩狀神樹、花托套玉璧的神樹枝和樹頂果實上有立鳥的神樹等，無不深寓古蜀人通神通天的文化觀念。

文物資訊

小型銅神樹殘件

主杆長26.7公分，寬11公分，高8.5公分
1986年三星堆遺址二號祭祀坑出土

　　神樹僅存一段，出三分枝，枝皆殘，枝下套有銅質璧形物。古人以璧通天，璧製中間的圓孔象徵天地溝通，神樹枝套璧形器則應是表現神樹的通天功能。

文物資訊

小型銅神樹殘件

殘高 24.4 公分，長 27.2 公分，寬 14.7 公分
1986 年三星堆遺址二號祭祀坑出土

神樹樹幹呈瓣繩狀，同古代神話傳說的扶桑神樹「樹兩兩同根偶生，更相依倚」的形態可發生聯繫，也形似民間所謂的「連理枝」。樹頂鑄人首鳥身神像，或意在表現神樹的通天功能。

第三節　通天神樹—古蜀人智慧與精神的象徵

文物資訊

小型銅神樹殘件

殘長50.3公分，寬12公分，寬12.5公分

1986年三星堆遺址二號祭祀坑出土

小神樹樹枝花托上套有玉質璧形物。古史有「蒼璧禮天」之說，神樹花托套璧，應是製作者為強調神樹「通天接地」的功能而採用的製作手段。

延伸閱讀

近年來，成都平原及其周邊地區發掘出土了大量烏木，三星堆遺址所在地的四川廣漢也有不少烏木出土，其中有一較大型的烏木就出自三星堆古城北面的鴨子河中。

這些烏木不僅總量達到數萬立方公尺，且年代久遠，平均在3000年以前。這些烏木多為參天古木，由此可以推測，上古時代的成都平原應是一派林木薈鬱的景象。可以說，這樣的自然環境，與孕育出古蜀人的神樹崇拜有著內在的因果關係。

第四章　雄渾壯闊的生命讚歌—古蜀人的信仰與藝術 | 203

文物資訊

銅神樹

底圈直徑 22.8 公分，殘高 34 公分

1986 年三星堆遺址二號祭祀坑出土

　　神樹圈座呈喇叭形，器身紋飾繁複，上部有環帶紋。樹座亦表徵神山，樹頂果實上有殘存的立鳥的雙爪，其原造型當是象徵太陽的金烏。

二、搖錢樹

古代蜀國樹崇拜的觀念在1000多年後仍有著廣泛的影響，尤其在我國西南地區的漢墓中出土的大量搖錢樹，在造型和內涵上就與三星堆神樹有著極深的淵源關係。以下，我們特別介紹一件廣漢出土的漢代樹形文物，目的是與三星堆神樹進行比較，以幫助我們深入瞭解三星堆神樹的文化觀念對後世的影響。

> **延伸閱讀**
>
> 明器，指古代下葬時帶入地下的隨葬器物，即冥器。一般用竹、木或陶土製成。從宋代起，紙明器逐漸流行，陶、木等制的漸少。《禮記·檀弓下》：「其曰明器，神明之也。塗車芻靈，自古有之，明器之道也。」

漢代四川地區流行一種陶座銅樹的隨葬明器，多表現昆侖山西王母的神話傳說，因其掛滿銅錢，俗稱「搖錢樹」。其實，它所表現的不僅僅是對錢財的企望，也反映出一個相對完整系統的思想觀念和信仰習俗。搖錢樹與三星堆神樹，都是以樹、神結合為其造型的主要構成因素，表意其通神、通天的功能用途。

這棵搖錢樹出土自廣漢三水鎮，為漢代文物，是一種陶質底座、青銅樹身的冥器。樹座為天祿辟邪座，樹高1.69公尺，樹上掛有300多枚銅錢，樹頂有朱雀，樹葉上有西王母、瑞獸、歌舞雜技及狩獵、騎馬等圖案。從世俗眼光來看，搖錢樹作為隨葬品，以大量錢幣作為裝飾，反映了古人「求富貴」的心理。而神樹以神鳥代金烏，搖錢樹以朱雀喻日神，它們象徵的光明意義都是很明顯的。搖錢樹鑄「錢」，錢紋多飾光芒，它的初始意義仍在表徵太陽，錢樹座則綜合了中國古代神話傳說中的昆侖、靈山、玉山這些神山的涵義。

三星堆神樹與搖錢樹的圖像構成方式，都是重在以神木、神山相結合而達天地不絕、人神相通的旨意。搖錢樹「羽化登仙」的賦形手段，無疑效法

第四章　雄渾壯闊的生命讚歌—古蜀人的信仰與藝術 | 205

於上古時代的本地巫教文化，因此，可以認為商代三星堆神樹與漢代四川搖錢樹為源流關係。當然，從考古發現看，漢代私人墓葬中均可以隨葬「錢樹」的現象無疑已表明，「錢樹」所反映的樹崇拜觀念在漢代已經變得世俗化和普遍化了，成為一般人都能使用和擁有的工具。從氏族部落或國家集團專用的神聖的「神樹」，到為個人求財乞福、追求長生的「錢樹」，古代先民的思想觀念發生了很大的變化，反映出「樹崇拜」具有不同的時代和社會特徵以及特定的文化內涵。隨著六朝社會大動盪的出現，人們對財富和現實的理想破滅，以搖錢樹為突出代表的漢代「樹崇拜」習俗受到強烈衝擊，並被新傳入的佛教「出世」等新思想所取代。但在西南地區的一些少數民族中，仍然長期保持著各種形式的「樹崇拜」習俗和用具，各地的民間風俗中也尚存古代樹崇拜遺風。

廣漢萬福鎮出土漢代搖錢樹

廣漢三水鎮出土的漢代搖錢樹及局部

第三節 通天神樹—古蜀人智慧與精神的象徵

對樹的崇拜，是古代世界各宗教與民間信仰中共通的文化現象，關於樹的種種神話傳說與樹狀圖像在世界範圍內有廣泛分佈。「樹」圖像作為文化象徵符號，主要有所謂宇宙樹與生命樹兩類。前者以物質形式表達古人對宇宙和天象的認識，後者反映古人的吉祥觀念並張揚其生命意識，但二者界限有時並不明顯，尤其在中國古代的神話傳說中二者關係頗為密切。總的來看，中西古代樹神話、樹崇拜及神樹圖像異曲同工的文化現象，對研究古代中國與域外的文化交流具有重大的意義。

延伸閱讀

古代世界神話傳說種的神樹

古印度的宇宙樹

此樹長於原始海洋中的原始蛋上，三枝展開，各托一個太陽，另有一個太陽位於三枝分杈處，與中國古代「扶桑十日」的神話傳說頗為相似。

古埃及的天樹

古埃及人認為，天是一棵大樹，諸神棲息枝上，星辰則為枝上的果實或枝葉，天樹實即蒼穹。

第四章　雄渾壯闊的生命讚歌—古蜀人的信仰與藝術 | 207

冰島古代的依格德拉爾樹

北歐神話中的宇宙樹是一個完整的宇宙形象，樹蔭遮蔽整個宇宙，樹根、幹、枝將天、地及地下連為一體，樹枝散佈整個蒼穹，葉是烏雲，果為星辰。

亞述有翼日盤

古代鳥與太陽頗有關聯，所謂「有翼日盤」，即是太陽或太陽神。鳥與太陽結合的典型圖樣，揭示出宇宙樹與太陽的密切關係。

亞述「聖樹與有翼日盤」

這是見於亞述圓筒形印章上的「聖樹與有翼日盤」。「有翼日盤」是鳥與太陽結合的典型圖樣，揭示出宇宙樹與太陽的密切關係。

米坦尼印章上的「日—樹」紋飾

該印章圖像特徵是樹形物上方懸有翼日盤，提示樹有通天之功用，以及樹與太陽的關係。

第三節　通天神樹—古蜀人智慧與精神的象徵

朝拜生命神樹浮雕

此大理石浮雕為西元前9世紀的亞述時代的文物，浮雕表現阿蘇爾巴尼巴爾二世國王與有翅神人朝拜神樹，在圖像樹頂上部飾有翼日輪。

蘇美爾國王紀念碑（局部）

紀念碑中，國王在月神面前給神樹灑聖水，浮雕中心的水盆中栽有通天的生命之樹。

印度太陽生命樹

該青銅樹中心為太陽和太陽眼鏡蛇,枝頭為太陽花和太陽鳥,樹下為對牛和對猴(即神牛和神猴)。

第三節　通天神樹—古蜀人智慧與精神的象徵

第四章 雄渾壯闊的生命讚歌—古蜀人的信仰與藝術 | 211

　　通過上面對以Ⅰ號大型銅神樹為代表的數株三星堆青銅神樹造型的賞鑒，對其文化內涵的分析，對古蜀神樹崇拜觀念傳承流變的簡說，以及對國外古代神樹的介紹，我們有充足的理由認為：三星堆神樹是中國宇宙樹偉大的實物標本，可視作上古先民天地不絕、天人感應、人天合一、人神互通的神話意識的形象化寫照，為研究中國樹崇拜的源流關係提供了依據。三星堆神樹反映了古蜀先民對太陽及太陽神的崇拜，在古蜀人的神話意識中具有通靈、通神、通天的特殊功能，是中國宇宙樹最具典型意義和代表性的偉大的實物標本，堪稱獨一無二的曠世神品！古蜀人對神樹的崇拜，表達了他們的宇宙情懷，深蘊超越現實、追求卓越的精神氣質，寄託了對未來、對生活的美好憧憬！

博物館神樹廳照

第三節　通天神樹—古蜀人智慧與精神的象徵

第五章　三星堆博物館參觀攻略

第三節　通天神樹─古蜀人智慧與精神的象徵

蟠桃三千年一開花。古蜀人的生命已深深植入這片星月永耀的土地。就像那三千年才綻放一次的仙桃，三千年後我們才看到這瑰麗的神夢之花。

三千年前的古蜀舊夢有如醇酒，讓人回味無窮。三星堆古蜀國充滿神秘色彩，是尚待人們去拓荒、去探求的上古社會的一個縮影。

而今，古蜀國那段人神共舞的傳奇，那段古蜀文明的雄渾樂章，那批舉世聞名的蜀人秘寶，就在眼前這座充滿神秘的藝術殿堂裡──三星堆博物館。

神游古蜀故國，重回千年，就從這裡開始。

三星堆，一個多麼神奇而誘人的名字！

三星堆是一處距今 5000 年至 2600 年的「古城、古國、古文化」遺址。1986 年 7 月至 9 月，考古工作者相繼在遺址內發掘兩個大型商代祭祀坑，出土了上千件玉石、青銅、金器等宗廟用器。這些精美文物，生動地向世人展示了三星堆文明鼎盛時期的輝煌成果，是中華民族五千年燦爛文明的有力見證。三星堆遺址一、二號商代祭祀坑的重大考古發現榮膺我國「七五」期間十大考古新發現和國務院公佈的第三批全國重點文物保護單位，被專家們譽為「世界上最驚人的發現之一」，成為當今世界考古、歷史、民族、原始宗教、藝術、科技、生態、人居環境等多門學科研究的熱點。

三星堆是全國重點文物保護單

三星堆的發現是一個偉大的奇跡，它用大量的實物史料有力地證明了三星堆古蜀國的存在，古蜀的歷史孕育了三星堆無比光輝的一頁。作為「高於氏族部落的、穩定的、獨立的政治實體」的三星堆古蜀國，是當時中國古代中原周邊地區頗具典型意義的「古國」之一，代表了三四千年前長江上游文明中心——古蜀文明的輝煌，再次雄辯地證明了中華文明起源的多元性。三星堆文物是寶貴的人類文化遺產，在中國浩如煙海、蔚為壯觀的文物群體中，屬最具歷史科學文化藝術價值和最富觀賞性的文物群體之一。在這批古蜀秘寶中，有許多光怪陸離、奇異詭譎的青銅造型，有高 2.62 公尺的青銅大立人，有寬 1.38 公尺的青銅面具，更有高達 3.95 公尺的青銅神樹等，均堪稱獨一無二的曠世神品。而以流光溢彩的金杖為代表的金器，以滿飾圖案的邊璋為代表的玉石器，亦多屬前所未見的稀世之珍。三星堆實例對於探索人類早期的政治組織及社會形態的演化，對於研究早期國家的進程及宗教意識的發展均具有重要價值，在人類文明發展史上佔有重要的地位。

　　對於三星堆和三星堆出土的精美文物，我們可以這樣地說：看，令人歎為觀止；想，使人不可思議；說，道不盡無窮玄機……

　　如果說三星堆遺址是一處神秘而豐富的地下古文化寶庫，那麼，建立在三星堆遺址東北角處的三星堆博物館無疑是一座收藏和展示這些古文化寶藏的藝術殿堂。且讓我們漫步這藝術殿堂，神遊千年，感受歷史的滄桑和古文明的燦爛輝煌……

一、景區特色

四川向世界推出的三大國際旅遊精品之一
首批中國國家考古遺址公園
首批中國國家「AAAA」級旅遊景區
「中國最值得外國人去的 50 個地方」之一

中國青少年科技教育基地

世界首家通過「綠色環球 21」旅行旅遊業可持續發展標準及 ISO9001：2000 品質管制體系標準認證的博物館

二、景區位置

中國四川省廣漢市西安路 133 號

三、景區類型

博物館／考古遺址

四、景區特色

博物館／國家遺址公園／古跡／攝影／徒步／科研／觀光／餐飲

一展館（綜合館）

二展館（青銅館）

五、景區介紹

三星堆博物館位於中國重點文物保護單位——三星堆遺址的東北角，地處歷史文化名城廣漢城西鴨子河畔，南距成都38公里，北距德陽26公里，是中國一座現代化的專題性遺址博物館。博物館於1992年8月奠基，1997年10月開放。館區占地面積約1,000畝，陳列面積12,000平方公尺，遊客接待中心建築總面積2,600平方公尺。

1·大氣雄渾的博物館建築

博物館主體建築外形追求與地貌、史跡及文物造型藝術相結合的神韻，融原始意味和現代氣息為一體。一展館（綜合館）建築為半弧形斜坡生態式建築，張揚人與自然和諧共生的人文精神。二展館（青銅館）建築為三部一體的變形螺旋式建築，其整體具有「堆列三星」與「人類歷史演進歷程」的雙重象徵，館外氣勢恢宏的仿古祭台與現代大型表演場、展館建築遙相呼應，表達了三星堆文化蒼古雄渾、博大精深的歷史意蘊。

2·薈萃文物精華的常設陳列展覽（基本陳列）

博物館現設兩大展館，為本館基本陳列《古城古國古蜀文化陳列》之載體：第一展館（綜合館）展示分題為「燦爛的古蜀文明」，重在展示古蜀社會物質生活；第二展館（青銅專館）展示分題為「青銅鑄就的人間神國」，旨在

揭示古蜀先民的精神世界。整部陳列全面系統地展示三星堆遺址，以及遺址內一、二號商代祭祀坑出土的青銅器、玉石器、金器以及陶器、骨器等千余件珍貴文物。其規模宏大，佈局考究，詮釋方式巧融知識性、故事性、觀賞性、趣味性於一爐，通過連續遞進的場景組合，營構出動靜相生的展線節奏與奇幻莫測的內容意象，有力地揭示了三星堆文物的深刻內涵，集中反映了三星堆文明的輝煌燦爛，給人以身臨其境、故國神遊之感。其陳列規模躋身於中國乃至世界級大博物館的行列，並榮獲首屆中國文博系統十大陳列展覽精品獎。

3．精彩紛呈的特展與對外交流展

三星堆博物館每年將會推出 1~2 個特展，內容涵蓋文物展、藝術展等，較為大型的特展展場設於博物館南區文保中心一樓展廳，小型特展展場設於青銅館一樓特展廳。博物館每年春節舉行的「大祭祀」活動，均有相關展覽相配。

「青銅的對話 —— 黃河與長江流域商代青銅文明展」展廳

2017年10月26日，三星堆博物館建館二十周年特展「宅茲中國 —— 西周青銅器精品展」開幕式

2018年三星堆博物館特展:「人與神——古代南方絲綢之路文物精品展」展廳

文物傳承古今,交流溝通中外。三星堆作為閃亮的「中國符號」和「中國面子」,二十年來,先後於瑞士、德國、英國、丹麥、日本、臺灣、澳大利亞、美國、加拿大、法國、新加坡、香港等20多個國家和地區展出,所到之處,均廣受好評、引起巨大反響。

第三節　通天神樹—古蜀人智慧與精神的象徵

1998年4月，三星堆文物在日本東京世田穀美術館展出。

2001年9月，三星堆文物在美國金泊爾藝術博物館展出時的盛況。

2002年11月，三星堆文物在加拿大多倫多皇家安大略博物館展覽的外景。

2002年3月—6月，三星堆文物在美國西雅圖藝術博物館展出。

2002年3月—6月，三星堆部分文物在美國大都會藝術博物館展出。

2007年1月，三星堆文物在新加坡亞洲文明博物館展覽。

2007年6月，三星堆文物在香港文化博物館展覽。

2011年12月，三星堆文物赴臺灣展覽文物裝箱啟運儀式。

| 第三節　通天神樹—古蜀人智慧與精神的象徵

4．優美的館區與景點

博物館環境優美，佈局得宜，綠化面積達 80% 以上，現代園林環境與周圍自然形態巧妙地融為一體，充分體現了博物館「館園」結合的特點，突出了博物館多元一體的發展趨向與綜合性的服務功能。館區內既有綠茵如毯的草坪、清澈明淨的湖水、古拙奇巧的假山、枝葉繁茂的古樹、飛珠濺玉的瀑布、休閒雅致的茶苑、清香溢遠的奇葩，還有小橋流水、湖光船影、鷺鷥翔集……「雖由人作，宛如天開」，其人文景觀與自然景色雙美合璧，充分體現了「文、秀、清、幽」的川西園林之美，給人一種心曠神怡、回歸自然之感。

遊客中心

購物中心

回音祭壇

(1) 天人合一 —— 回音祭壇

「回音祭壇」位於青銅館南面，為仿古祭祀表演場所。

古謂：「國之大事，在祀與戎。」古蜀先民溝通天地人神、祈福禳災的儀式多在祭祀台進行。該大型仿古祭祀台為四方三層，以成都北郊羊子山屬商末周初的一座夯土祭台為原型參照，藉以再現古蜀土台建築的巨大規模和恢宏氣勢。該祭祀台底層840平方公尺，逐層向上遞減，頂層為65平方公尺的方形平臺。整個祭台採用紅砂石壘築而成，古樸雄渾，原始意味濃厚。

祭祀台前的圓形表演場地與祭祀方台相呼應，象徵「天圓地方」。場地中央的巧妙設計極具神奇的回音功能，充分地表現出古蜀「天人感應，人神互通」的時代特徵。這裡作為大型仿古祭祀表演活動的場地，通過神秘詭異的蜀樂與翩躚優美的舞蹈為觀眾再現古蜀的宏大祭祀場面，揭示古蜀原始宗教文化內涵。

(2) 清風徐來 —— 玉蟾湖

館區內人工湖位於青銅館西側（青銅館背面），波光粼粼，蓮荷飄香，鷺鷥翔集。湖邊垂柳蔭蔭，又有假山瀑布和小橋曲徑，一派清雅之象。

玉蟾湖

（3）古雅安閒 —— 寶鏡齋

寶鏡齋位於博物館西區後門處，集餐飲、娛樂、休閒、購物為一體。內有庭院，植銀杏、桂花，有假山、水車之景，在此品茗，可以清心。寶鏡齋工藝部產品以仿三星堆文物工藝品為主，品種多樣，設計精美。

六、開放時間

8:30—18:30

七、交通指南

從成都到三星堆距離不到 30 公里，交通便利，108 國道、成綿高速、寶成鐵路均可達到。

1．自駕車：108 國道（至廣漢）、成綿高速（至廣漢）。

2．景區直通車：在成都景區直通車武侯祠服務點（每天 11:30 發車）或大熊貓繁殖研究基地服務點（每天 12:30 發車）乘坐，一站直達無障礙往返。

3．其他車次：成都市區內乘坐 1、7、45、63、69、70、71、83、302 路公車至昭覺寺車站（諮詢電話 028-83504125），換車至廣漢僅需要 20 分鐘，廣漢至三星堆乘坐 6 路、10 路公車即可達到。

八、諮詢

三星堆博物館票務諮詢電話：(0838) 56513995510349

三星堆博物館網址：http://www.sxd.cn

參觀完博物館，如果你還意猶未盡，那就搭乘旅遊環保觀覽車從博物館

西區的三星堆國家考古遺址公園大門處直接進入遺址去體驗、去感悟，去獲取你想要獲取的的東西吧！在遺址，你可以親眼看到東、西、南古城牆和殘剩的三星堆中「半個土堆」，它們雖經幾千年風雨的剝蝕卻雄姿依然；在月亮灣考古發掘工地，你可以看到經過考古工作者解剖後留下的月亮灣土城的千年遺跡；在燕家院子，你可以靜心遙想1929年當時發現玉石器的那幕故事；在三星堆「半個土堆」西側，你還可以體感到1986年考古重大發現發掘兩個大型商代祭祀坑的壯觀場景⋯⋯總之，在三星堆遺址，你時時可以感受到古蜀先民創造的偉大奇跡，充分地吸吮到古蜀文化的甘露和靈氣！

三星堆是古蜀先民智慧的結晶，是中國古代文明中一段雄渾的樂章，是一首永遠唱不完的歌，是一個永遠講述不完的故事⋯⋯

蜀國五千年，偉哉三星堆；兩眼觀歷史，一步越千年。來吧，朋友，歡迎你走進三星堆，走進博物館，走進那神秘夢幻般的世界，去領略「古蜀時空隧道」的真實魅力！

回到塵封的古蜀國
三星堆解密

編　　著：	吳維義
發 行 人：	黃振庭
出 版 者：	崧燁文化事業有限公司
發 行 者：	崧燁文化事業有限公司
E-mail：	sonbookservice@gmail.com
粉 絲 頁：	https://www.facebook.com/sonbookss
網　　址：	https://sonbook.net/
地　　址：	台北市中正區重慶南路一段六十一號八樓 815 室 Rm. 815, 8F., No.61, Sec. 1, Chongqing S. Rd., Zhongzheng Dist., Taipei City 100, Taiwan (R.O.C)
電　　話：	(02)2370-3310
傳　　真：	(02) 2388-1990
印　　刷：	京峯彩色印刷有限公司（京峰數位）

國家圖書館出版品預行編目資料

回到塵封的古蜀國：三星堆解密 / 吳維義編著 . -- 第一版 . -- 臺北市：崧燁文化事業有限公司 , 2021.07
　面；　公分
POD 版
ISBN 978-986-516-764-6(平裝)
1. 考古遺址 2. 文化研究 3. 四川省廣漢市
797.8　　110010763

- 版權聲明 -

本書版權為九州出版社所有授權崧博出版事業有限公司獨家發行電子書及繁體書繁體字版。若有其他相關權利及授權需求請與本公司聯繫。
未經書面許可，不得複製、發行。

定　　價：299 元
發行日期：2021 年 07 月第一版
◎本書以 POD 印製

電子書購買

臉書